다독임

다독임

오은 산문

2014~2020

난다

개정판 작가의 말

무릎을 탁 치는 사람

『다독임』이 출간된 지 오 년이 흘렀다. 오 년이 흐르는 동안 무슨 일이 있었는지 돌아보니 감감하다. 그사이 나는 사십대에 접어들었고 몇 권의 책을 출간했다. 이십대에 살던 동네로 다시 이사를 했고 오랫동안 진행하던 도서 팟캐스트의 마지막 방송을 녹음했다. 학교나 기관, 기업에서 강연하고 집에 돌아오면 입을 앙다문 채 몇 시간 전을 가만히 떠올려보곤 한다. '그때 이 말을 해야 했어'와 '그때 그 말을 하지 말았어야 했어' 사이에서 가리산지리산하다보면 어느새 지리산 노고단이다. 발품을 팔지 않고 오늘도 여기까지 왔다.

여전히 산책하고 메모하고 동네 카페에서 글을 쓴다. 아침에 일어나면 커피를 내리며 오늘 무슨 일을 해야 할지 머릿속으로 그려본다. 상상했던 것처럼 흘러가는 일은 거의 없지만, 상상하지 않으면 흐름의 복판에서 길을 잃기 일쑤다. 같은 이유로, 오랫동안 해온 일인데도 여전히 쓰고 말하는 일은 두렵고 설렌다. 어쩌면 설렘이 지닌 들뜸과 두근거림은 아직 그 상황이 오지 않은 데서 다가오는 두려움을 생래적으로 품고 있는지도 모르겠다. 소풍 전날 미리 한껏 즐거워하면서도, 한편으로는 갑작스레 비가 오면 어떡하나 걱정하는 것처럼 말이다.

문득 『다독임』을 읽고 한 독자분께서 올려주신 이야기가 기억난다. 책을 꼼꼼하게 읽은 이만이 쓸 수 있는 후기였다. 그분은 2010년대에 인기리에 방영되었던 〈무릎팍도사〉라는 프로그램을 떠올리시며, 내게 '무릎탁요정'이란 별명을 지어주셨다. 무슨 일인고 하니, 내 글에 유독 '무릎을 탁 치다'라는 관용구가 많이 등장한다는 것이다. 그분의 글을 읽고 다시 훑어보니, 아니나 다를까 나는 무릎을 탁 치는 사람이었다. 관용구는 실생활에서 자주 사용되어 흔히 '진부한 표현'이라고 일컬어지곤 한다. 삽시간에 얼굴이 홍당무가 되었다. (이 또한 관용구가 들어간 문장이다.)

'무릎을 치다'는 "(사람이) 몹시 놀랍거나 기쁜 일이 있을 때나 좋은 생각이 떠올랐을 때 감탄하다"라는 뜻이다. 실제로 나는 살면서 시시로 때때로 무릎을 치는 사람이었다. 이왕 칠 거면 탁 치는 것이 좋았다. 그래야 놀라움과 기쁨을 제대로 표현할 수 있을 것 같았다. 좋은 생각이 날아가지 않고 언제고 곁에 남아 있을 것 같았다. 어찌 보면 무릎을 탁 치던 순간들이 모여 이 책을 쓸 수 있었던 것 같기도 하다. 작은 것들을 작게 놔두지 않는 일, 작은 것들에 입을 달아주는 일을 지금껏 나는 해왔던 듯도 싶다.

첫 문단에도 썼지만, 개정판 작가의 말을 써야 한다는 말을 들었을 때 찾아든 감정은 감감함이었다. 오 년 전이 "멀어서 아득한" 것은 물론, 책을 냈다는 "사실을 전혀 모르거나 잊은 상태"에 내가 있는 것 같았다. 이 감감함을 물리치기 위해서는 어찌됐든 첫 문장을 쓰는 수밖에 없다. 이십 년 넘게 글쓰기 노동자로 살면서 깨달은 바는 고작 이런 것이다. 겨자를 외면하지 않는 이만이, 마지못해 울며 겨자를 먹는 이만이 겨자의 맛을 알게 된다는 것.

잘 알다시피 '감감하다'의 마지막 뜻은 "소식이나 연락이 전혀 없다"이다. 우리가 감감함 하면 '감감무소식'을 떠올리는 이유다. 자연스레 '무소식이 희소식'이라는 속담까지 연상된다. 이 글을 쓰면서 '감감무소식'과 비슷한 말로 '감감소식'이 있다는 것을 알게 되었다. 소식이 있든 없든, 그것을 기다리는 사람은 감감할 것이다. 감감하고 갑갑할 것이다. 소식과 무소식에는 중간이 없고, 도착하기 전까지 소식은 무소식이나 마찬가지다. 오늘도 무릎을 탁 친다.

2025년 5월
오은

차례

개정판 작가의 말

무릎을 탁 치는 사람 5

2014년

입고픈 사람 귀고픈 사람 18
혼자서 할 때 더 좋은 일 20
더 그럴듯한 표현 22
마음의 어려움 24
단골이 되는 일 26
각주구검 刻舟求劍 등하불명 燈下不明 28
제게는 아직 장래 희망이 있습니다 30
다시 한 판 하라는 거예요 32
사진에 담긴 시간 34
욱 36
틀리다? 다르다! 38
십 분 전이 아닌, 일 분 후를 생각한다 40
우리라는 이름의 우리 42
좋은 게 좋은 걸까? 44
이 행운을 다른 사람들도 봐야지 46
떼부자? 때부자! 48
'아직'이 주는 힘을 믿읍시다 50
하릴없이 할 일 없이 52

2015년

기념일의 다음날을 기념하기 56
복스러운 상상 58
때우는 것에서 채우는 것으로 60
빗소리와 마음의 소리 62
나도 모르게 시작했다가 나도 모르게 끝나는 것 64
덕분과 때문 66
우체통과 공중전화 68
마음의 기울기 70
기억이 전해지고 취향이 전해지고 사랑이 전해지는 것 72
그 사이 74
Stay weird, stay different 76
들여다보다 내다보다 78
기대는 간헐적으로, 걱정은 매일 80
끝을 꺼내는 법 끝을 시작하는 법 82
실없거나 뼈 있거나 84
엄마 보러 가자 86
더와 덜 88
길 위의 이야기 90

2016년

삶이라는 형식, 희망이라는 내용　94
나는 기억하기 위해 투표장에 갈 것이다　99
누군가 던진 질문이 나의 오후를 채우고 있었다　104
이유 있는 여유　109
'편하다'의 반대편에는 '새롭다'도 있다　114
잘 살고 있니?　119
그냥과 대충　124
다음이 있다는 믿음　129
'만함'은 언제든 더 커질 수 있다　134
자괴감은 '앞으로'를 내다보는 마음이다　139

2017년

할 말과 해서는 안 될 말 146
슬프면서 좋은 거 150
개저씨들은 스스로가 개저씨인 것을 모른다 154
나의 다음은 국어사전 속에 있다 158
어때요, 숨구멍이 좀 트이죠? 163
나를 살리는, '죽이는 글쓰기' 167
어떤 사람은 '사람'이 되었다가 마침내 '한 사람'이 된다 171
아무튼, 책이다 175
당신은 오늘 어떤 단어를 사용했나요? 179

2018년

처음의 마음 184
시를 읽는 이유 188
'기다리다'는 동사가 맞는 것 같다 192
듣는 일과 말하는 일 196
그날부터 나는 걷기 시작했다 200
귀여움은 '또'라는 상태를 염원하게 만든다 204
곁 208
'위트 앤 시니컬'이 다시 문을 연다 212
사랑한다, 라고 말할 시간이 온 것이다 216

2019년

내 삶에 물꼬를 터주는 작은 것들 222
쓰고 있었어 226
친애하고, 친애하는 230
기억은 '다시'의 마음을 불러일으킨다 234
나의 스승은 도처에 있다 238
익숙하면서도 어색한 감각 242
옷을 입는 것처럼 나는 매일 힘입는다 246
더도 말고 덜도 말고 덜어야 한다 250
울어도 괜찮아 254
수경 누나에게 258
네가 하면, 네가 하기만 하면 262
마음에도 운동이 필요하다 266

2020년

어른이 되려고 그러니?　272
한번은, 이런 일이 있었다　276
다독이는 안녕　280

작가의 말

다독이러 들어갔다가 나오면서 돌아보는 일　286

2014

입고픈 사람
귀고픈 사람

　어려서부터 나는 조용한 적이 별로 없었다. 친구들을 불러 한데 모아 이야기하는 것을 좋아했다. 집에 손님이라도 찾아오는 날이면 내가 어제 어떤 책을 읽었는지 엄마가 오늘 아침에 무슨 음식을 만들었는지 신나게 떠들어댔다. 손님은 어린애가 기특하다는 듯 내 이야기를 끝까지 들어주었다. 내가 얘기에 몰두할 때 사람들 눈이 또랑또랑 빛나는 게 좋았다. 그러나 커가면서 나는 대화에도 소위 '궁합'이란 게 있다는 사실을 깨닫게 되었다. 시시콜콜한 이야기인데도 내 말을 듣고 맞장구를 쳐주는 사람도 있고 기발하다고 생각되는 이야기를 했을 때조차 아무 반응 없는 사람도 있었다. "너는 네 얘기만 하잖아." 어느 날 친구의 말을 듣고 오랫동안 상념에 잠겼다. 그 말은 더

없이 적확해서 치명적이었다. 그뒤로 자연스럽게 귀를 기울이는 시간이 더 많아졌다. 내 말을 하는 것만큼이나 상대의 말을 듣는 게 중요하다는 사실을 깨달았다. 누군가의 이야기를 듣고 있으면 귀가 트이고 눈이 뜨이고 머리가 맑아졌다. 얼마 전에 알게 된 순우리말이 있다. '입고프다'와 '귀고프다'가 바로 그것이다. 입고프다는 "자유롭고 숨김없이 말을 하고 싶다"는 뜻이고 귀고프다는 "실컷 듣고 싶다"는 뜻이다. 어른이 되니 입고픈데도 상황에 따라, 사람에 따라 입을 닫는 일이 많아졌다. 귀고픈데도 상대의 눈치를 살피는 일이 많아졌다. 입고픈 사람이 귀고픈 사람을 만나는 순간이, 이 길 위에 부디 많았으면 좋겠다. (10월 1일)

혼자서 할 때
더 좋은 일

"혼자서 영화를 어떻게 봐?" 영화 보러 가는 길에 친구에게서 전화가 왔다. 그가 수화기 너머에서 경악하는 게 느껴졌다. "나는 혼자 보는 게 좋더라." "너 참 이상하다. 거기 다 커플이나 친구들끼리 손 붙잡고 올 텐데 너 혼자 민망하잖아." "혼자니까 괜찮아." 전화를 끊고 나니, 친구와 나는 '혼자'라는 말을 서로 다른 뜻으로 사용하고 있다는 게 느껴졌다. 친구는 혼자가 갖는 '동떨어진' 느낌에 무게를 둔 반면, 나는 혼자가 주는 '자유로운' 느낌을 떠올린 것이다. 곰곰 생각해보니 혼자서 영화를 보기 시작한 지 십 년이 훌쩍 지나 있었다. 종로 쪽에 갈 일이 있으면 낙원동에 들러 영화 시간표를 확인하는 게 대학 시절의 큰 기쁨이었다. "한 장요?" "네!" 매표원의 질문에 나는 아무렇지 않게 대답했다. 기억나지 않지만 처음에는 아마 혼자라고 말하며 낯을 조금 붉혔을지도 모른다. 영화는 듣던 대로 아주 좋았고 나는 한껏 충만해져서 밖으로 나왔다. 햇살이 푸지게 쏟아지는 광경을 보니 영화의 한 장면이 떠올라 싱긋 웃었다. 혼자서 할 때 더 좋은 일이란 아마 이런 게 아닐까. 근처 커피숍에 들러 영화를 보며 떠오른 이런저런 생각들을 메모하고 있는데, 예의 그 친구에게 다시 전화가 왔다. 친구들이 다 모였는데, 술 한잔하러 건너오라는 것이었다. "그래, 술은 함께 마시는 게 좋지." 혼자니까 괜찮고 함께여서 즐거운 날이었다. (10월 2일)

더 그럴듯한
표현

관용구의 놀라움에 대해 종종 생각한다. 습관적으로 쓰지만, 그 속을 들여다보면 생각할 거리가 여간 많은 것이 아니다. 시간의 힘이 관용구를 귀에 익게 만들었을 것이다. 여름에 특히 많이 쓰는 '더위 먹다'라는 표현은 생각할수록 그럴듯하다. 밥은 입으로 먹고 욕은 귀로 먹고 겁은 마음으로 먹고, 더위는 그야말로 온몸으로 먹는다. 더위를 먹으면 얼굴이 상기되고 양팔은 축 늘어지며 다리는 제멋대로 후들거린다. 생각해보니 온몸으로 먹는 게 하나 더 있다. 나이. 흔히들 쓰는 말이지만 '밤이 깊다' 같은 표현 또한 정말 아찔하다. 처음으로 밤에 깊이를 부여한 사람을 떠올릴 때면 감탄사가 절로 나온다. 새벽에 가까워질수록 밤은 수심水深처럼 점점 깊어지는 것 같다. 동시에 시간이 갖고 있는 깊이뿐만 아니라 밀도나 부피, 무게 같은 것을 헤아리게 만든다. 관용구는 오랫동안 써서 굳어진 말이기도 하지만, 그것을 적재적소에 배치하면 문장 속에 잘 녹아 흐르기도 한다. 어떤 반짝이는 표현보다 더 생기가 넘친다. 한여름에 더위 먹듯이, 하루하루 밤이 깊어가듯이. 더위를 먹을 만큼 먹었더니 어느새 밤이 깊어지는 계절이 돌아왔다. 바람을 쐬기도, 바람을 잡기도, 바람을 일으키기도 좋은 계절이다. 관용구가 더욱 풍성해지는 계절이다. 그럴듯한 표현이 사방에 많아서, 나는 매일 개중에서 더 적확하고 똑떨어지는 것을 고르기 위해 고민한다. 이 시간 덕분에 하루가 멀다 하고 밤이 깊어가는 줄 모른다. (10월 3일)

마음의 어려움

 "알잖아, 마음하고 다르게 말이 이상하게 나갔어." 밥을 먹고 나오는데 남자가 여자에게 애걸복걸하고 있었다. 그 사정이야 정확히 모르지만, 남자는 자신의 마음을 전달하려 무진 애를 쓰고 있었다. 여자가 "내가 네 마음을 어떻게 아니?"라고 톡 쏘아붙였다. 순간, 마음만큼 다스리기 어려우면서도 보여주기 힘든 게 없다는 생각이 들었다. 초등학교 시절, 친구와 싸운 날이었다. 집에 돌아오는 길에 짝꿍이 말했었다. "걔가 그래도 마음은 착한데." 그때부터였을 것이다. 마음이란 것이 몹시 어려웠다. 착했다가 나빴다가 부풀어올랐다 쪼그라지고 마는 게 마음 아닐까 하는 생각이 들었다. 시험에서 낙방한 친구가 "마음처럼 쉽지가 않더라"라고 고백하던 날, 마음은 현실과 한참 동떨어진 것이었다. 주식 투자를 하다 큰 손해를 본 친구가 "마음에 담기는 쉬워도 그걸 비워내기는 여간 어려운 게 아니더라"라고 자책하던 날, 마음은 알게 모르게 우리를 좌지우지하는 괴물처럼 느껴졌다. 좋아하는 사람이 생겼을 때 "마음이 흘러가는 대로 두면 될 거야"라고 조언하던 친구는 연애가 실패로 돌아가고 한동안 내게 눈총을 받아야만 했다. 얼마 전 만난 은사님은 이런 말씀을 하셨다. "마음은 아직 청춘인데, 요새는 몸이 안 따라줘." 몸과 마음은 늙는 속도도 이렇게나 다르다. 마음을 다잡기란 이래저래 쉬운 일이 아니라는 생각을 하며 뒤돌아보았다. 연인이 다정하게 손잡고 걸어가고 있었다. 다행히 오늘은 마음이 통했던 모양이다. (10월 8일)

단골이 되는 일

 나는 쌈을 좋아한다. 이기고 지는 쌈이 아니라 싸 먹는 쌈. 길을 걷다가 쌈밥집이 나오면 절로 눈이 돌아간다. 배가 불러도 어쩔 수 없다. 이미 머릿속으로는 다음번에 이 근처에 오게 되면 꼭 저기에 가야겠다고 다짐하고 있다. 채소 잎들이 종류별로 광주리에 담겨 있는 상상을 하면 침이 고인다. 아삭아삭 씹히는 맛이 일품인 치커리에 고슬고슬한 밥을 한 숟갈 넣고 우렁이가 들어간 쌈장을 얹어 입에 넣는 상상을 하면 그렇게 좋을 수가 없다. 톡 쏘는 매운맛의 청겨자와 은은한 향의 적쌈추 또한 내 오감을 자극하기 충분하다. 예전에 살던 곳 근처에는 쌈밥집이 있었다. 입맛이 없을 때면 꼭 쌈밥을 먹어야 직성이 풀리곤 했었다. 쌈밥이 먹고 싶어서 입맛이 없다고 스스로를 세뇌한 적도 있는 것 같다. 처음 그 쌈밥집에 갔을 때 단골이 될 거라는 예감이 들었다. 가지런히 놓인 채소 잎들, 정갈하게 담긴 각종 찬들, 뚝배기에서 보글보글 끓는 우렁이 쌈장 때문에 밥 한술 뜨기 전부터 내 마음은 이미 쌈 안에 포획되어 있었다. 쌈밥의 맛은 물론이거니와 각종 쌈의 이름을 설명해주는 주인아저씨의 어눌한 말씨, 덜그럭덜그럭 정신없이 돌아가는 주방의 소리, 벽지에서 풍기는 정겨운 냄새, 장롱과 방석에 새겨진 문양 등 그 공간의 모든 것을 사랑하게 되었다. 단골이 되는 일은 그런 것이 아닐까. 특정 메뉴를 좋아하는 것을 뛰어넘어 그 집의 디테일 하나하나까지 마음에 담는 일, 밥을 먹는 동안만큼은 기꺼이 그 집의 식구食口가 되는 일. (10월 9일)

각주구검 刻舟求劍
등하불명 燈下不明

집 근처에서 한 남자가 한참 어슬렁대고 있었다. 겁이 났지만 이대로는 잠들 수도 없을 것 같아 외투를 입고 밖으로 나갔다. 남자는 꿍꿍이가 있다기보다는 절박함이 가득한 표정이었다. 헛기침을 두어 번 하고 조심스레 물었다. "뭣 때문에 안절부절못하고 이 근처를 서성이고 있어요?" "저기 그게…… 조깅을 하다 휴대전화를 잃어버렸어요. 배터리도 없는데." 남자의 대답엔 힘이 하나도 없었다. "여기서 잃어버리셨나요?" 혹시라도 취조하는 것처럼 느껴질까봐 곧바로 고쳐 물었다. "이 근처에서 휴대전화를 떨어뜨리신 거예요?" "아뇨, 잃어버린 곳은 저쪽 같아요." 남자는 골목 저편을 가리켰다. "그런데 왜 여기서 찾고 있었어요?" 의아해서 묻자, 남자는 태연한 어조로 이렇게 대답했다. "저기는 너무 깜깜해서 아무것도 보이지 않더라고요." 어처구니가 없었지만 시름 쌓인 그의 얼굴에 대고 웃을 수는 없는 노릇이었다. "그럼 한번 같이 찾아보지요." 급한 대로 휴대전화 조명을 켜고 남자와 함께 골목을 돌았다. 흡사 탐정이라도 된 듯한 기분이 들었다. 십여 분이 흘렀을까. 골목 밝은 가로등 아래에 미확인 물체가 보였다. "저거 뭘까요?" 내가 소리치자 남자가 달려가 휴대전화를 날렵하게 낚아챘다. 방금 전의 흐리멍덩한 모습과는 영 딴판이었다. "등잔 밑이 진짜 어둡긴 어둡군요." 내 말에 남자가 호탕하게 웃었다. 밤이 잠시 환해졌다. (10월 10일)

제게는 아직
장래 희망이 있습니다

얼마 전부터 라디오에서 매주 시 한 편을 소개하고 있다. 단어 하나를 선정하고 색다른 시선으로 그 단어에 접근한 시들을 주로 소개한다. 청취자들이 실시간으로 해당 단어에 대한 자신만의 사연을 보내주는데, 그것을 읽다가 불쑥불쑥 놀랄 때가 많다. 누군가에게 얼음은 여름을 나게 해주는 것이지만, 또 다른 누군가에게 얼음은 현재 자신이 놓인 처지를 대변하는 것이기도 하다. 얼음을 와그작와그작 씹으며 더위를 잊으려 애쓰는 사람도 있고 살얼음판 위를 걷는 것처럼 하루하루를 살아내는 사람도 있다. 여름에는 절실하고 겨울에는 징글징글하다는, 재기 넘치는 사연을 접하고는 무릎을 탁 치기도 했다. 그런 사연을 접할 때마다 단어의 외연이 절로 넓어지는 기분이다. 지난

주에 선정한 단어는 장래 희망이었다. 어렸을 때의 장래 희망이 사연의 주를 이룰 것이라는 나의 예상과는 달리, 많은 분이 다양한 사연을 보내주었다. 개중 아직까지 선명하게 기억나는 사연 하나를 소개한다. "저는 올해 예순여섯 살입니다. 어느덧 할아버지가 되었지만, 제게는 아직 장래 희망이 있습니다. 돌이켜보니 지금까지 주위 도움을 많이 받고 살아왔다는 생각이 듭니다. 이제는 할 수 있는 만큼 많이 베풀고 작은 것들에 귀기울이고 마음을 내주는 게 제 장래 희망입니다." 이 사연을 읽는데, 콧마루가 찡해지고 말았다. 어린이나 청소년에게만 장래 희망이 있는 것은 아닐 텐데, 지금껏 저 단어를 어른들과는 거리가 먼 단어로 인식해왔던 것이다. 장래의 뜻에 대해 곰곰 생각한다. 다가올 앞날. 죽을 때까지, 우리는 장래를 생각해야 한다. (10월 15일)

다시 한 판
하라는 거예요

    이제 막 초등학교에 입학한 것처럼 보이는 두 명의 아이가 휴대전화를 들여다보며 게임에 열중하고 있었다. 사탕을 부숴서 미션을 달성하는 게임이었다. 주변 사람들이 하도 얘기해서 이 게임에 관심을 갖고 있던 터라 멀찌감치 서서 둘이 게임에 열중하는 모습을 지켜보았다. 화면 위로 'You Failed'란 문구가 떴다. 한 아이가 미간을 찌푸렸다. "이게 무슨 뜻이야?" "실패했다는 거야." 다른 한 아이의 표정이 덩달아 어두워졌다. 그 모습이 몹시 귀여워서 나는 둘에게 다가가 물었다. "실패가 무슨 뜻인지 아니?" "다시 한 판 하라는 거예요." 야무지게 대답하는 아이의 모습을 보니 웃음이 절로 나왔다. 아이들은 다시 머리를 맞대고 사탕을 깨는 데 몰두하기 시작했다. 뒤에 서서 지켜보는 나의 두 손에도 땀방울이 맺혔다. 사탕이 하나 남았을 때, 나도 모르게 침을 꿀꺽 삼키기도 했던 것 같다. 이윽고 마지막 사탕이 깨지자, 화면에 'Level Completed'란 문구가 떴다. 아이들은 환호했고 나는 그 모습이 기특해서 박수를 쳤다. 한 아이가 물었다. "이건 성공했다는 뜻이야?" "응, 이제 다음 판에 가도 된다는 거야." 아이들을 뒤로하고 집에 돌아와 휴대전화로 그 게임을 다운로드했다. 그리고 자그마치 석 달 동안 나는 무수한 실패를 겪어야만 했다. 그때마다 아이의 말을 떠올렸다. "다시 한 판 하라는 거예요." 다시 한 판을 할 수 있는 한, 실패는 아직 오지 않았다. 여전히 나는 도중에 있다. (10월 23일)

사진에
담긴 시간

　스마트폰이 생기고 난 후, 주위에서 카메라를 보기가 힘들어졌다. 거의 모든 사람이 스마트폰 카메라로 사진을 찍는다. 그러면서 언제부턴가 카페나 식당에서 음식이 나왔을 때 득달같이 달려드는 행동은 무례한 것이 되었다. 수저보단 스마트폰이 먼저 손에 들린다. 음식은 으레 뱃속이 아닌 폰카에 먼저 담긴다. 얼마 전에는 셀카봉이라는 것을 처음으로 구경해봤다. 혼자서 사진을 찍을 때조차 우리는 가장 예쁜 모습으로 우리 자신을 기억하고 싶어한다. 아니, 우리가 보기에 가장 예쁜 모습을 남기고 싶어한다. 마음에 들지 않으면 지우고 다시 찍으면 된다. 뱃속에서 꼬르륵 소리가 나도 참아야 한다. 음식은 소화되면 그뿐이지만, 사진은 남는 것이기 때문이다. 사진은 이제 쉽게 찍고 지울 수 있으면서, 개중 잘 나온 것은 일행끼리 서로 공유해야 하는 어떤 것이 되었다. 그 사진을 올리는 곳이 미니홈피에서 페이스북으로, 페이스북에서 인스타그램으로 바뀌었을 뿐이다. 얼마 전 고향에 갔을 때 앨범을 넘겨보다가 한 장의 사진에 눈길이 갔다. 어린이였던 내가 양념치킨을 먹는 사진이었다. 입가에 양념이 더덕더덕 붙어 있는, 우스꽝스러운 사진이었다. 나는 전라도 말로 '허벌나게' 맛있는 음식을 먹고 있었던 것이다. 불현듯 그 순간이 떠올랐다. 닭다리를 들고 세상을 다 가진 것처럼 좋아하던 순간. 내 얼굴은 무너졌지만 내 감정은 고스란히 남아 있던 순간. 내가 잘 나오지 않았더라도 섣불리 지워서는 안 되는 장면에 대해 생각한다. 사진이 남기 위해서는, 그 시간을 마음에 먼저 새기는 과정이 필요하다. (10월 24일)

욱

오늘도 또 욱하고 말았다. 아침을 먹고 간만에 온 가족이 백화점에 갔다. 차에서 내리는데 뒤에서 고성이 들려왔다. 무슨 소린가 하고 뒤돌아보니 한 여자분이 차 안에서 씩씩거리고 있었다. 형이 내릴 때 차문이 살짝 닿았던 모양이다. 딱 봐도 구입한 지 얼마 안 되는 고급 외제차였다. 다행히 차에 흠이 나지는 않았고, 차문이 옆 차에 닿는 것도 못 느꼈던 형은 별일 아니라 생각하고 고개를 숙여 미안함을 표시했다. 해프닝이 끝나나 싶었는데, 그 여자분이 차에서 내렸다. "아니, 그렇게 조심성이 없으니까 그 나이 처먹도록 저런 차나 몰지." 여자분의 입에서 나오는 말이 당차고 거침없어서 순간 얼어붙었다. 그 말을 들은 엄마가 욱했다. 그 모습을 본 형이 중재에 나섰다. 그 바람에 내가 욱하는 것까지 막지는 못했다. 우리 가족이 싸잡아 모욕당하는 것을 참을 수 없었다. 내 입에서 날카로운 말이 나갔고 순식간에 지하 주차장은 소란스러워졌다. 때마침 백화점이 개장해서 일이 더 커지지는 않았다. 쇼핑할 의욕이 사라진 우리는 곧바로 집에 돌아왔다. 그분도 기분이 많이 상했을 것이다. 집에 돌아오는 길에 나 자신이 몹시 미워졌다. 결정타 같은 한마디에 심신의 리듬이 무너지면 나도 모르게 욱하고 만다. 욱하고 치밀어오르는 감정을 어찌할 수 없다. 욱해서 튀어나온 그 말 때문에, 그 말이 지하 주차장에 울려퍼지던 그 순간 때문에 나는 한동안 괴로울 것이다. 이런 나 자신을 떠올리니 또다시 욱한다. 욱은 욱을 낳는다. (10월 29일)

틀리다?
다르다!

얼마 전, '낫다'를 '낳다'로 쓴 글이 눈에 가장 거슬린다는 기사를 접하고 한참 웃었다. "감기 얼른 낳으세요"라는 문자를 받았을 때의 기억이 새록새록 떠올랐기 때문이다. 실제로 감기를 '낳는' 상상을 하고 도리질을 친 것은 물론이다. 기실 내가 가장 못 견디는 것은 '틀리다'와 '다르다'가 잘못 사용됐을 때이다. 많은 사람이 이 둘을 가리지 않고 '틀리다'로 통일해서 사용하는 경향이 있다. '틀리다'는 "셈이나 사실 따위가 그르게 되거나 어긋나다"라는 뜻이고, '다르다'는 "비교가 되는 두 대상이 서로 같지 아니하다"라는 뜻이다. 두 단어의 뜻이 엄연히 '다른' 것이다. "넌 나랑 틀려서 그래"라는 말을 들었을 때, 나는 내게 뭔가 잘못된 것이 있나 고개를 갸웃했다. 그때부터 '틀리다'라는 말을 들을 때마다 이방인이 된 듯한 기분이 들었다. 우리와 너희를 구분하려고 담을 쌓는 사람들도 떠올랐다. 어느 순간부터 친구들이 '다르다'라고 써야 할 때 '틀리다'라고 쓰면 나도 모르게 지적하고 있었다. 나 때문에 강박이 생긴 한 친구는 "너 이 문제 달랐어"처럼 '틀리다'를 써야 할 때조차 '다르다'를 쓰기도 했다. 다르고 싶지, 틀리고 싶지는 않은 게 많은 사람의 바람일 것이다. 다른 것은 이해하고 받아들일 여지가 있는 것처럼 들리지만, 틀린 것은 무슨 수단을 써서라도 바로잡아야 할 것처럼 느껴지기 때문이다. 아이들이 '틀린 그림 찾기'가 아닌 '다른 그림 찾기'를 하는 날이 하루빨리 왔으면 좋겠다. (11월 7일)

십 분 전이 아닌,
일 분 후를 생각한다

　머리를 싸매고 있는 사람들을 볼 때마다 마음이 아프다. 커피숍에서 시험공부를 하다 책을 덮고 그 위에 머리를 내맡긴 대학생, 술집 구석에 놓인 테이블에서 허름한 양복을 입고 쓰러져 있는 회사원, 울다가 지쳐 베개에 코를 박은 채 침대에 엎드려 있는 소녀, 가로등 옆에서 고개를 푹 수그린 채 앉아 있는 아이…… 사연은 제각기 다르겠지만 그들이 이를 악문 채 던지는 질문은 크게 다르지 않을 것이다. 나는 대체 왜 이럴까? 학창 시절의 내가 그랬다. 나는 밝고 사교적인 아이였지만 때때로 그 성격이 내 발목을 잡곤 했다. 내 짓궂은 행동은 대부분 웃음과 연결되곤 했지만, 그렇지 않은 경우도 있었다. 한창 예민한 순간에는 옷깃만 스쳐도 화가 나거나 눈물이 쏟아진다는 사실을 깨닫는 날이 많았다. 그때마다 나는 나쁜 말이 튀어나간 내 입을 굳게 닫고 머리를 싸맸다. 시계를 십 분 전으로 돌리고 싶었다. 내가 한 행동이 분명한데도, 그 행동을 할 때의 나는 나 자신이 아닌 것 같았다. 재미삼아 던진 말이지만 그 말을 받아들이는 사람이 기분 나쁘다면, 그것은 나쁜 말이다. 분위기를 띄우려고 그랬다느니, 친해지려고 한 말이라느니, 상대가 기분 나쁠 줄 몰랐다느니 하는 말은 상대의 기분을 더욱 상하게 한다는 점에서, 더 나쁜 말이다. 요즘 나는 십 분 전이 아닌 일 분 후를 생각한다. 일 분 후에 나는 웃고 있을까, 머리를 싸매고 있을까. 머리를 싸매지 않기 위해 역설적으로 머리를 쓴다. (11월 12일)

우리라는 이름의
우리

"우리 골 넣었어!" 골목에서 태블릿 PC를 들여다보던 아이들이 환호하고 있었다. "우리가 빨간 옷이야?" 뒤늦게 대열에 합류한 아이가 물었다. "우리 대회 나갈 때 빨간색만 입잖아." 그것도 몰랐냐는 듯 다른 한 아이가 톡 쏘아붙였다. "우리도 축구나 하러 가자." 무안한 듯 머리를 긁적이며 질문한 아이가 말을 돌렸다. 골목 어귀를 돌며 '우리'라는 말에 대해 생각했다. 우리 가족, 우리 동네, 우리 학교, 우리나라 등 '우리'는 내가 속한 공간이나 공동체를 가리키는 경우가 많다. 이때의 '우리'는 뒤에 오는 말이 자기 자신과 친밀하다는 것을 노골적으로 드러낸다. 우리집, 우리 차, 우리 땅 등 소속감을 넘어 소유권까지 담는 경우에는 '우리'라는 말에 모종의 힘이 실린다. 얼마 전 아버지와 식당에서 밥을 먹는데 이런 말씀을 하셨다. "우리 입맛에는 안 맞아." 이때의 '우리'는 모호하다. "난 괜찮은데?" '우리' 안에 당연히 내가 속한다고 생각했는데, 알고 보니 아버지가 말한 '우리'는 아버지 세대를 가리키는 것이었다. 이처럼 살아가면서 우리는 무수한 '우리'를 갖게 된다. 동시에 '우리'라는 이름의 '우리'에 갇히게 된다. '우리'에 포함되지 못해 소외감을 느끼는 사람도 있고 '우리'라는 틀이 싫어서 자발적으로 우리를 떠나는 사람도 있다. '우리'라는 말은 개인에게 안온함을 가져다주지만, 책임을 떠안지 않아도 된다는 생각을 은연중에 심어줄 수도 있다. 우리가 '우리'에 대해 항상 고민해야 하는 이유다.
(11월 14일)

좋은 게
좋은 걸까?

"좋은 게 좋은 거지"라는 말을 처음 들었을 때 기분이 몹시 이상했다. '나무는 나무지'나 '새는 새지'와 문장 구조는 유사하면서도 품고 있는 의미와 그것을 전달하는 말투는 너무나도 달랐다. 그 말을 할 때 사람들의 표정은 진실을 가릴 때처럼 비겁하고 본질을 회피할 때처럼 약삭빠른 데가 있었다. 어떤 경우에는 편을 나누는 기준으로 저 말을 사용하는 사람도 있었다. 좋은 게 좋은 것이라고 수긍하지 않으면, 네게는 좋은 것을 주지 않겠다는 협박처럼 들리기도 했다. 거기에는 좋은 것은 곧 다수가 원하기 때문에 이를 따르지 않으면 다수에 속할 수 없다는 전제가 깔려 있었다. 얼마 전 동창들과 만났다. 하도 오랜만에 만나 서먹하면서도 약간은 들뜬 분위기였다. 얘기를 나누다보니 어느덧 저녁때가 다 되었다. "오랜만에 봤는데 삼겹살에 소주 어때?" 입심 좋은 친구의 말에 다들 환호했다. 그 말이 떨어지기가 무섭게 겉옷을 입는 친구도 있었다. 내 기억에 개중에는 고기를 안 먹는 친구가 있었다. "고기 안 먹는 사람도 있잖아." 내 말에 사방이 일순 잠잠해졌다. "거기 다른 것도 있어. 있지? 있을걸?" 고기를 안 먹는 친구는 내게 그냥 가자고 눈짓으로 말했다. "이렇게 다 고기 먹길 원하잖아. 좋은 게 좋은 거지." 친구들이 앞다투어 밖으로 나갔다. 좋은 게 좋은 것이라는데, 자리가 파할 때까지 기분이 영 좋지 않았다. 웃으며 헤어졌지만, 불판 위의 기름때 같은 것이 아직까지 마음속에 남아 있다.
(11월 19일)

이 행운을
다른 사람들도 봐야지

    비가 갠 오후, 놀이터 벤치에 앉아 잠시 쉬고 있었다. 한 아이가 구석에 쪼그려앉아 무언가를 유심히 들여다보고 있었다. 미끄럼틀을 타던 아이의 누나가 아이의 이름을 크게 불렀지만 아이는 뒤돌아보지 않았다. 참다못한 누나가 아이에게 다가갔다. 그러더니 아이 곁에 나란히 앉아 응시에 동참했다. 남매의 뒷모습이 무척이나 사랑스럽고 대체 무엇을 바라보는지 호기심이 발동했다. 다가가서 보니 아이들은 클로버를 보고 있었다. 비가 내린 지 얼마 되지 않아 클로버 위에는 빗방울이 올망졸망 맺혀 있었다. 그 모습이 신기해 아이들은 그리 오랫동안 그것을 바라봤던 것이다. 차마 손도 대지 못하고 아이가 갓난아기 대하듯 가만히 바라보고만 있었던 것이다. "근데 네잎클로버는 없네?" 아이의 누나가 풀죽은 목소리로 말했다. "그게 뭐야?" 아이가 되물었다. "이름 그대로 잎이 네 개인 클로버야. 그걸 발견하면 행운이 찾아온대." 누나가 야무지게 대답했다. "그럼 여기에는 행운이 없는 거야?" 아이가 울상을 지었다. 풀죽었던 누나가 갑자기 기운을 차렸는지 아이의 등을 토닥이며 이렇게 말했다. "아니야, 이것도 행운이야! 물방울이 맺힌 클로버를 봤으니까!" 아이의 표정이 금세 밝아졌다. "그럼 이거 집에 가져가도 돼?" 아이가 물었다. "아니, 이 행운을 다른 사람들도 봐야지. 집에서는 비가 안 내리잖아." 클로버를 바라보고 집에 오는데 절로 콧노래가 나왔다. 나도 작은 행운을 나눠 가진 기분이었다. (12월 4일)

떼부자?
때부자!

고향에 내려갈 때마다 아빠와 대중목욕탕에 간다. 아빠와 단둘이 얘기할 수 있는 소중한 시간이 생기는 셈이다. 때수건 등 각종 목욕용품을 챙기고 목욕탕에 가는 길에는 으레 가벼운 이야기를 한다. 이를테면 "저녁밥 참 맛있었지?" 같은 물음으로 시작되는 이야기. 수온이 40℃를 웃도는 탕 안에 들어가면 몸이 노곤해진다. 가슴에 있던 응어리가 풀리는 기분도 든다. 이마에 흐르는 땀을 훔치기 바쁘다가도 아빠는 불쑥 진지한 물음을 던진다. "회사에서 일하랴, 글쓰기도 하랴 많이 힘들지?" 나는 과장되게 웃으면서 괜찮다고 너스레를 떤다. 아빠의 물음이 머릿속을 떠나지 않는다. 몸이 기진맥진해질 즈음 탕 밖으로 나와 우리는 서로의 등을 밀어준다. "언제나 그렇지만, 아들은 참 때가 많이 나와." 때수건을 끼고 등을 문지르는 손바닥에서 힘과 온기가 동시에 느껴진다. "예전에 엄마가 그랬어. 어렸을 땐 때를 많이 써서 때보, 커서는 때가 많이 나와서 때보라고." 샤워기에서 흘러나오는 물소리에 맞춰 우리는 한바탕 웃는다. 집에 돌아오는 길에는 둘 다 말이 별로 없다. 말을 안 해도 한 걸음 한 걸음이, 그 걸음 사이의 정적이 대화가 된다. 건널목에서 아빠가 마침내 입을 연다. "근데 아들, 아들은 때부자 같아. 때라도 부자인 건 좋은 거겠지?" 부자父子가 부자富者 이야기를 하니 웃음이 절로 나온다. "근데 아빠, 떼부자는 노력 여하에 따라 되거나 고칠 수 있는 것이라면 때부자는 아무래도 타고나는 것 같아." "때도 유전이라는 말이니?" 아빠의 말에 때때옷을 입은 것처럼 달도 환히 웃었다. (12월 5일)

'아직'이 주는 힘을 믿읍시다

얼마 전, 소설가 형으로부터 나무로 만든 밥그릇을 선물받았다. 가볍고 질감도 좋아서 마음에 쏙 들었다. 집에 돌아와 정리를 하던 중, 그릇에 또다시 눈길이 갔다. 반질반질 윤이 나서 나도 모르게 자꾸 손바닥으로 쓰다듬었다. 고슬고슬한 밥을 지어 밥그릇에 담는 상상을 하니 문득 출출해졌다. 며칠 뒤, 소설가 누나가 상을 받는다고 해서 선물로 무엇을 할까 생각하다가 그릇을 사기로 마음먹었다. 그릇 파는 데에 가니 절로 눈이 휘둥그레졌다. 사기, 유리, 나무, 돌 등 그릇의 소재가 무척이나 다양했다. 접시나 컵 등 그릇의 한 종류임에도 불구하고 그릇임을 미처 깨닫지 못했던 물건들을 발견하고 무릎을 탁 치기도 했다. 그릇에는 깊이와 넓이가 다 필요하다는 생각이 들기도 했다. 수많은 그릇 중 하나를 골라 곱게 포장하고 누나에게 편지를 썼다. "누나, 이미 그릇을 많이 가지고 있을 테지만 여기 새 그릇을 하나 선물해. 아직 아무것도 담겨 있지 않을 때 그릇은 가장 근사한 것 같아. 그릇에 무엇을 담을까 자꾸 상상하게 되니까. 상상하면서 설레게 되니까. 앞으로 누나가 빈 그릇에 음식을 담듯, 빈 종이에 담을 소설을 생각하니 문득 가슴이 벅차오른다. '아직'이 주는 힘을 믿읍시다. 믿고 씁시다." 이 말은 누나한테 하는 것이었지만 다 쓰고 보니 내게 하는 것이기도 했다. 왜 사람을 그릇에 비유하는지 알 것 같기도 했다. 나는 과연 어떤 모양의 그릇일까. 그 그릇에는 무엇이 담기게 될까. 빈 그릇은 허전한 상태이자 두근거리는 상태다. (12월 10일)

하릴없이
할 일 없이

　중학교에 다닐 때 '하릴없이'라는 말을 처음 접했다. 채만식의 『태평천하』를 읽을 때였을 것이다. 그것을 딱 보고 20세기 중반에는 '할 일 없이'라는 표현을 '하릴없이'라고 썼구나 생각했었다. 곰곰 생각해보니 어딘가 이상한 생각이 들었다. "몸뚱이는 네댓 살박이만큼도 발육이 안 되고 그렇게 가냘픈 몸 위에 가서 깜짝 놀라게 큰 머리가 올라앉은 게 하릴없이 콩나물 형국입니다." 문장을 읽으면 읽을수록 '할 일 없이 콩나물 형국'은 아닌 것 같았다. 풍자와 조롱은 엄연히 다른 것이니 말이다. 혹시나 하고 국어사전을 펼친 뒤 '하릴없이'의 뜻을 찾아보았다. 아니나 다를까 '하릴없이'라는 단어가 어엿하게 있었다. 첫번째 뜻은 "달리 어떻게 할 도리가 없이"였고 두번째 뜻은 "조금도 틀림이 없이"였다. 『태평천하』에 쓰인 '하릴없이'는 아마도 두번째 뜻에 가까울 것이다. 단어의 뜻을 모를 땐 하릴없이 국어사전을 찾아봐야 한다는 생각이 들었다. 아무리 책을 읽고 공부를 해도 나는 평생 하릴없는 학생이라는 생각도 들었다. 온종일 '하릴없이'라는 말을 어떻게 대화에서 사용할지 고민하던 찰나, 문득 웃음이 터져나왔다. '하릴없이'와 '할 일 없이'가 어딘지 모르게 닮아 있다는 생각이 들었다. 할 일이 없으면 하릴없어지고, 하릴없으면 할 일도 없을 테니 말이다. 그때 이후로 아직까지도 '하릴없이'라는 말을 육성으로 사용할 기회를 벼르고 있다. '하릴없이'가 하릴없이 내 말이 될 그 순간을! (12월 19일)

2015

기념일의
다음날을 기념하기

　새벽에 일찍 집을 나와 길을 걷는데, 평상시와는 다른 느낌이 들었다. 비단 이른 시간이 가져다주는 기이한 분위기 때문은 아니었다. 여기저기 쓰레기들이 널려 있었다. 바람이 불 때마다 바닥에 누워 있던 전단지가 몸을 휙 들었다 잽싸게 납작 엎드렸다. 간밤에 사람들이 토를 해놓은 흔적도 눈에 띄었다. 터지지 않은 폭죽과 형형색색의 포장지가 군데군데 버려져 있었다. 어제는 기념일이었고 밤새 불사른 열정이 길 위에 고스란히 남아 있었다. 몇몇 환경미화원들이 바삐 움직이며 그 잔해를 거두고 있었다. 삼십 분만 늦게 나왔어도 볼 수 없을 광경이었을 것이다. 내가 잠든 사이에 매일 이런 일이 벌어지고 있었다는 생각이 들자 가슴이 먹먹해졌다. 부랴부랴 편의점에 들어가 따뜻한 캔 커피를 몇 개 샀다. 봉지에 담아 아저씨께 건네니 환히 웃으신다. "힘드시죠?" "다 힘들지. 우리는 지금 힘들고 자네는 이제 회사 가서 힘들 거고." 아저씨의 말에 옆에 있던 아저씨가 웃으며 말을 거든다. "그래도 바깥일이 더 힘들긴 하지. 암만 더워도 암만 추워도 우리는 새벽에 길에 나와야 하니까. 이렇게 기념일 다음날엔 몇 배로 더 힘들고." "한 가지 좋은 것도 있어. 그게 뭔지 알아? 우리는 청소하면 동네가 깨끗해지는 게 보이잖아. 일한 티가 나는 거지. 아무리 노력해도 달라지는 게 없는 일이 어디 한두 가지야? 그에 비하면 이 일은 양반이지." 기념일의 다음날은 폐허다. 그 허허벌판을 뚜벅뚜벅 걸어가는 일이야말로 기념해야 한다는 생각이 들었다. (1월 2일)

복스러운 상상

새해에 가장 많이 하고 듣는 말은 뭐니 뭐니 해도 '새해 복 많이 받으세요'일 것이다. 데면데면한 사이라 할지라도 용건을 밝히고 난 다음에는 으레 하는 인사말이기도 하다. 어렸을 때는 다들 복을 많이 받게 되면 나와 우리 가족이 받을 복은 하나도 없는 게 아닐까 걱정하기도 했었다. 복의 총량이 정해져 있다고 생각했던 것이다. 복은 주면 줄수록 늘어난다는 할머니 말씀을 듣고서야 마음 편히 복 많이 받으라는 말을 전할 수 있었다. 며칠 전에 문자를 하나 받았다. "새해 복 많이 지으세요." 받는 게 아니라 지으라고 하니 갸우뚱했다. 곰곰 생각하니 짓는 것이 복과 더 어울리는 말이었다. 아무 노력도 하지 않으면서 복만 많이 받기를 바라는 것만큼 말도 안 되는 일도 없을 것이다. 그러므로 복을 많이 받기 위해서는 그전에 복을 많이 지어야 한다. 복을 짓는 일에 대해 생각한다. 묵묵하게 자기 자신의 일을 하면서 주위를 챙기는 일 또한 게을리하지 않는 데서 복은 지어질 것이다. 이는 밥을 짓는 것처럼 일상적으로 하는 일이면서 집을 짓는 것처럼 큰맘 먹고 해야 하는 일이기도 하다. 농사를 짓는 것처럼 인내가 필요하고 글을 짓는 것처럼 매번 뜻대로 되지는 않는다. 그러면서도 보약을 짓는 것처럼 온 마음을 다해야 하는 일이 바로 복을 짓는 일이다. 나를 향하면서 남을 위한 일이 결국 복된 일, 복이 될 수 있는 일일 것이다. 한 해의 첫머리, 복을 짓고 나누는 자가 복을 받는 '당연한' 일이 이루어지는 복스러운 상상을 해본다. (1월 7일)

때우는 것에서
채우는 것으로

 자취를 한 지 십 년이 넘었다. 웬만한 음식은 할 줄 알게 됐지만, 귀찮다는 이유로 밖에서 사 먹는 일이 대부분이다. 직장에 다니면서부터는 집에서 밥을 해 먹는 일이 더욱 줄어들게 되었다. 그러면서도 나는 늘 집밥을 꿈꾼다. 고향에 내려갈 때면 엄마가 차려주는 밥상 앞에서 허발하는 내 모습을 발견하고 스스로 놀란다. 그런 나를 보며 엄마는 말씀하신다. "서울 가서도 때우지 말고 제대로 먹어." 그러고 보니 언제부턴가 내게 끼니는 때우는 것이 되어 있었다. 바쁠 때는 삼각김밥이나 컵라면, 혹은 주문 즉시 나오는 도시락을 먹는 일이 많았다. 먹고 나면 배가 불렀지만 마음은 공허했다. 제대로 먹지 않고 때웠기 때문이다. 얼마 전, 친구들이 '모숨'이라는 이름으로 농부와 소비

자를 연결해주는 일을 시작했다. 반신반의하면서 우렁이 농법으로 지은 햅쌀을 주문해보았다. 갓 도정한 쌀이라 밥을 지었더니 윤기가 자르르 흐른다. 한입 먹어보니 꿀맛 같다. 그러고 보니 실로 오랜만에 나를 위해 밥을 지어 먹었다. 고향의 밥상에 비하면 누추하지만, 다 먹고 나니 열심히 살아야겠다는 생각까지 들었다. 나를 위해 밥을 지었더니 밥을 먹는 시간 또한 때우는 것에서 채우는 것으로 바뀌어 있었다. 밥심의 위대함에 대해 생각한다. 잘 익은 벼 한 모숨이 잘 지은 밥 한 공기가 될 때까지는 여러 번의 '제대로'가 필요하다. 사람을 생각하는 마음이 잘 익으면 마침내 사람의 힘이 되는 것이다. (1월 15일)

빗소리와
마음의 소리

　빗소리를 듣고 있노라면 나를 다독이는 것 같기도 하고 추궁하는 것 같기도 하다. 빗방울 안에는 '너 잘하고 있어!'와 '너 이렇게밖에 못해?'라는 말이 둘 다 담겨 있는 듯하다. 느낌표로 떨어지던 물방울은 마지막에 자세를 바꿔 물음표를 그리며 고이기도 한다. 물론 그 반대의 경우도 가능하다. 그리하여 비가 그쳤을 때에는 길 위에뿐만 아니라 내 마음에도 커다란 쉼표 모양의 웅덩이가 생긴다. 때마침 커피 한잔을 옆에 두고 홀짝이고 있자니 오늘의 빗소리는 마냥 다독임 같다. 그동안 응어리진 울분이 차츰 잠잠해지고 있다. 그러나 어떤 날에는 빗소리가 나를 못 견디게 만들기도 한다. 그때는 내가 이 시간에 외따로 존재하는 것 같은 기분이 든다. 잊고 있었던 잘못들이 하나둘 기억의 수면 위로 떠오른다. 어젯밤부터 내리던 비는 나를 확실히 다그치는 것 같았다. "비非 비非 비非!" 떨어지며 "잘못됐어, 잘못됐어, 잘못됐다구!"라고 나를 한동안 몰아붙였다. 이처럼 마음 상태에 따라 빗소리는 다르게 들린다. 자장가처럼 들리는 날도 있고 장송곡처럼 들리는 날도 있다. 빗소리를 들으며 나는 비로소 마음의 소리에 귀기울인다. 빗소리가 만들어내는 리듬에 맞춰 어디론가 향하는 상상을 한다. 그럴 때면 내 마음이 원하는 것이 무엇인지 조금씩 선명해진다. 첫 봄비가 내릴 때, 내 마음에도 거짓말처럼 새싹이 하나 움텄으면 좋겠다. 그때는 밖에 나가 빗소리를 온몸으로 들을 것이다. (1월 16일)

나도 모르게 시작했다가
나도 모르게 끝나는 것

친구에게서 전화가 왔다. 집에 있다니까 기다렸다는 듯 묻는다. "혼자 뭐 해?" "놀아." "혼자 어떻게 놀아?" 구구절절 설명하다간 대화가 끝이 없을 것 같아서 게임을 한다고 답하고 서둘러 전화를 끊었다. 생각해보니 나는 거짓말을 하지 않았다. 머릿속으로 단어 하나를 떠올리고 그 단어가 불러들이는 다른 단어를 기다리는 놀이를 하고 있었기 때문이다. 내 앞에는 종이 한 장과 볼펜 한 자루가 놓여 있었다. 종이 위에는 '모르다'라는 단어가 쓰여 있었다. 그리고 그 앞에는 놀이를 막 시작한 내가 있었다. 놀이의 가장 큰 미덕은 게임과는 달리 승부가 그리 중요하지 않다는 데 있다. 시작과 끝이 불분명한 것도 놀이의 장점이 될 수 있다. 게임이 끝나는 over 것이라면 놀이는 잠시 중

단되는 pause 것이다. 그래서 혼자 놀이를 해도 전혀 억울한 마음이 생기지 않는다. 나도 모르게 시작했다가 나도 모르게 끝나는 것, 그것이 바로 혼자 놀기의 정수라고 생각한다. 놀이의 흔적이 무언가로 남으면, 그 흔적에서 새로운 놀이가 시작되기도 한다. 가령, '모르다'로 시작된 연상이 전혀 새로운 단어로 끝을 맺을 때, 그것은 새로운 놀이의 단초가 된다. 하나의 놀이가 또다른 놀이를 낳는 셈이다. 우리가 아무 생각 없이 하는 낙서 또한 놀이가 될 수 있다. 선이 선을 부르고 선과 선이 만나 면이 되면 면은 어느새 어떤 이야기를 들려주기 시작한다. 누가 강요하지 않았기 때문에, 역설적으로 놀이는 계속될 수 있다. 놀이에 실패란 없다. 실패해도 그것조차 놀이의 일부처럼 느껴지므로. (1월 21일)

덕분과
때문

"다 여러분 덕분입니다." 높은 자리에 올라간 사람들이 맨 처음에 하는 말은 대략 이렇다. '덕분'은 은혜나 도움을 받았을 때, 상대의 손을 맞잡는 순간에서 오는 온기로부터 나오는 말이다. '덕'은 베푼 자도, 그 덕을 보는 자도 기분 좋은 것이다. 그래서 실제로는 덕을 보지 않았음에도 불구하고 우리는 당신 덕분이라고 스스럼없이 말할 수 있는 것이다. 덕분은 공을 돌리는 말, 곁을 확인하는 말이다. "다 너 때문이야!" 반면, 높은 자리에 올라간 사람들이 낮은 자리로 내려올 때 하는 말은 대략 이렇다. '때문'은 탓을 돌리는 데 주로 활용되는 말로, 상대의 손을 뿌리치는 순간에서 오는 냉기로부터 나온다. 따라서 '때문'을 말하는 자도, '때문'의 대상이 되는 자도 기분 나쁘다. 시시비비를 가리기 위해 '왜?'라는 물음을 끌고 오는 것도 '때문'이다. '덕분'과 '때문'은 비단 정치적 영역에만 국한되지 않는다. 이 둘은 우리의 실생활과 가깝게 맞닿아 있다. 가령, 나 같은 경우는 인터넷 덕분에 이런저런 잡문 쓰기가 편해졌음을 느낀다. 그러나 한편으로는 인터넷 때문에 글쓰기에 집중하기 어려운 것도 사실이다. 음악도 듣고 싶고 기사도 읽고 싶고 남들이 지금 뭐 하고 있는지도 알고 싶은 것이다. 이처럼 '덕분'이 '때문'이 되는 것은 한순간이다. '덕분'과 '때문'의 대상은 나 아닌 다른 사람을 가리키는 경우가 많지만, 속을 들추어보면 실제로 이 말은 나를 향해 있는 경우가 많다. 나의 덕분이라고 말하기에는 쑥스럽고 나 때문이라고 말하기에는 창피한 것이다. (1월 30일)

우체통과
공중전화

　우체통 안에 석 달 동안 편지가 한 통도 없으면 그 우체통은 철거 대상이 된다는 말을 들었다. 그 결과, 작년에만 수백 개의 우체통이 거리 위에서 사라졌다고 한다. 올해에도 각 지자체에서 이용률이 낮은 우체통을 없애기로 결정했다고 하니, 몇 년이 지나면 길을 거닐다 우체통을 보는 게 아예 불가능해질지도 모른다는 생각이 들었다. 우체통뿐만 아니라 공중전화 부스도 이미 철거가 이루어지고 있다고 하니, 왠지 거리 곳곳에 있던 내 기억들이 조각조각 뜯겨져나갈 것만 같다. 얼마 전 손으로 편지를 한 통 썼다. 근처에 우체통이 없어서 우체국까지 가야만 했다. 이 정도의 불편은 감수할 수 있을 것 같으면서도 못내 서운했다. 우푯값이 얼마인지도 모르는 스스로가 그렇게 못마땅할 수가 없었다. 순간순간의 아쉬움은 쌓이고 쌓여 마침내 애처로움이 될 것 같았다. 편지를 부치고 돌아오는 길, 앞다투어 들어서는 것들과 시나브로 사라지는 것들에 대해 생각했다. LTE가 익숙한 시대에 엽서를 쓰는 일은 아마 뒷걸음질하는 것처럼 보일 것이다. 그러나 어떤 것들은 용이하지 않아도 존재 자체만으로 위안을 준다. 한 자 한 자 꾹꾹 눌러쓴 편지를 들고 우체통 앞으로 달려가던 마음, 공중전화 부스 안에서 끊임없이 동전을 넣어가며 먼 곳에 있는 사람에게 안부를 전하던 순간은 사라지면 안 된다. 우체통과 공중전화가 무용지물 취급을 당할지라도, 그때 그 추억들이 지금의 우리를 만들었으므로. (2월 4일)

마음의
기울기

 아끼던 식물이 죽었다. 작년 봄에 소중한 사람에게 선물받은 다육식물이었다. 식물을 키우는 일에 젬병이라 잠시 망설였지만, 다육식물은 생명력이 강인하다는 말을 듣고 고맙게 그것을 받았다. "물을 자주 안 줘도 되니까 키우기 쉬울 거야." 그의 말처럼 다육식물은 쑥쑥 잘 자라났다. 볕을 많이 본 날은 이파리의 색이 선명해졌다. 어느 날은 노랗다가도 어느 날은 초록빛을 띠고 다음날에는 약간의 주황빛을 발산하기도 했다. 무럭무럭 자라서 올 초에는 처음으로 분갈이를 해주기도 했다. 어떤 식물을 일 년 가까이 키운 일이 난생처음이었다. 물이 잘 빠지는 마사토磨沙土로 화분을 채워주니 평생을 키울 수 있을 것 같은 자신감마저 들었다. 어느 날, 추운 날씨 때문에 실내에만 들여놓아 볕을 잘 못 보는 것 같아 오후에 잠깐 화분을 밖에 내다 놓았다. 저녁때 다육식물을 집안으로 가지고 들어왔다. 집안에 들이자마자 다육식물은 온 이파리를 축 늘어뜨리고 그대로 생기를 잃어버렸다. 이파리에서 황토색 물이 뚝뚝 떨어졌다. 그 앞에서 한동안 아무 말도 못하고 서 있었다. 물을 주지 않아 말라죽은 채송화, 물을 너무 많이 줘서 뿌리가 썩어버린 난 등 그동안 나를 떠나간 식물들이 머릿속을 스쳐지나갔다. 생각해보니 부족하거나 과한 것은 결코 다르지 않았다. 씀씀이가 과하면 지갑이 비고 말이 과하면 실수를 하게 될 확률이 높아지듯, 마음 또한 상대에게 너무 많이 주면 탈이 나게 마련이다. 마음이 과하면 주는 사람도, 그것을 받는 사람도 부담스럽다. 마음에 무게가 있는 것도 이 때문일 것이다. (2월 13일)

기억이 전해지고
취향이 전해지고
사랑이 전해지는 것

"고향에는 언제 내려가?" 명절이 다가오면 주변 사람들이 묻는다. 그때마다 대답하고 나서 이상한 생각이 들곤 했었다. 수도권이 고향인 사람들에게는 고향으로 올라간다고 말하지 않으니까 말이다. 대한민국의 수도가 서울이어서 그런가보다 하다가도, 내려간다는 말에 지방으로 가다, 북쪽에서 남쪽으로 간다는 뜻 이외에도 높은 곳에서 낮은 곳으로 간다는 뜻 또한 담겨 있어 약간 불편함을 느낀 것도 사실이다. 나도 모르게 좌천이나 귀양 같은 이미지를 떠올리고 피식 웃었던 적도 있다. 고향 가는 길에 '내려가다'는 말을 곰곰 생각해보았다. 시냇물이 어딘가로 졸졸 흘러 내려가는 모습이 맨 처음 떠올랐다. 내려가는 일은 미지의 곳에 가닿는 일, 종착지에 도달할 때까지 시종 기대하는 일이라는 생각이 들었다. 내려가다보면 올라올 때 지나쳤던 것들을 마주하게 될지도 모른다는 생각에 가슴이 살짝 두근거리기도 했다. 때마침 휴게소에 도착해 바람 좀 쐬러 차에서 내렸다. 아빠와 아이가 핫도그를 베어 먹으며 이쪽으로 다가오는 것이 보였다. 그 광경을 보고 무릎을 탁 쳤다. 내려가는 것은 뒷날로 전해지는 것, 아빠가 좋아하는 것을 아들이 좋아하게 되는 것이라는 생각이 들었다. 기억이 전해지고 취향이 전해지고 사랑이 전해지는 것, 이 모든 전해짐에는 다름 아닌 내려감이 있었다. 그리고 고향에는 기억과 취향과 사랑이 여기저기 남아 있어, 고향에 내려가는 길은 내내 설레는지도 모르겠다. (2월 25일)

그 사이

명절에 친가나 외가에 가면 무턱대고 기쁘던 때가 있었다. 할머니와 할아버지를 보는 것도 기뻤지만, 무엇보다 사촌들과 만날 수 있다는 사실은 생각만으로도 한없이 들뜨는 일이었다. 몇 개월 만에 보는 것인데도 우리는 마치 어젯밤에도 한데 어울렸던 것처럼 사이좋게 놀았다. 격의도 없고 일말의 불편함이나 껄끄러움도 없었다. 나이가 서너 살 차이나는 것은 아무런 문제가 되지 않았다. 형이나 누나라고 한번 부르고 나면 심리적 거리가 이만큼이나 가까워졌기 때문이다. 친숙했기에 근황을 묻는 절차 같은 건 필요 없었다. 눈빛을 교환한 뒤 누가 먼저랄 것도 없이 운동화를 신고 밖에 나가 뛰어놀면 그만이었다. 이렇듯 금세 친해졌다가 아쉽게 헤어지는 일이 한 해에 정확히 두 번 반복되었다. 시간이 흘러 나를 비롯하여 사촌들은 모두 어른이 되었다. 이제는 사촌들을 만나도 예전처럼 친근함을 느끼지 못한다. 뛰노는 것만으로 마냥 즐겁고 편안했던 시절은 아득해졌다. 겨우 입을 떼서 시작한 대화가 어느 순간, 툭 끊어지는 일 또한 많아졌다. 사소한 질문을 주고받기에는 서로에 대해 아는 바가 너무 없었다. 어색한 정적 속에서 우리는 각자 어떤 생각을 하고 있을까. 추석에는 잠자리를 잡으러 다니고 설이면 얼음을 지치며 놀았던 일을 떠올리기는 할까. 그사이, 대학교 입학부터 시작해 취업과 승진, 결혼, 출산, 육아에 이르기까지 우리가 짊어져야 할 질문들만 산더미처럼 늘어났다. 질문은 가득한데 답이 없으니 섣불리 누가 먼저 입을 떼려 하지 않았다. (2월 26일)

Stay weird,
stay different

어릴 때부터 이상하다는 소리를 종종 들었다. 나이에 안 어울리게 이상한 책을 읽는구나, 어린애답지 않게 이상한 단어를 쓰는구나, 우주에 물고기를 그리다니 발상이 이상하구나 등등 나를 둘러싼 이상함에는 끝이 없었다. 어느 날엔 좋아하는 색깔을 묻는 친구에게 주황색을 좋아한다고 답했더니 이상하다는 반응이 되돌아왔다. 뭐가 이상하냐고 반문했더니 사람들은 보통 파란색이나 빨간색을 좋아한단다. 아직까지도 나를 향하던 그들의 걱정 어린 눈빛이 떠오른다. 주눅이 들만도 한데, 커가면서 나는 오히려 이상함을 긍정하게 되었다. 이것이야말로 이상한 일이다. 사람들이 이상하다고 말하는 구석을 이상하지 않은 상태로 바꾸고 나면 나 자신이 하나도 남아나지 않을 것 같았다. 이상한 나를 이상한 채로 내버려두고 싶었다. 이상한 책을 읽고 이상한 생각을 하고 이상한 글을 쓰는 나를, 나부터 이해하고 지지하지 않으면 안 될 것 같았다. 얼마 전에 아카데미 시상식이 있었다. 각색상을 수상한 극작가 그레이엄 무어의 말이 특히 기억에 남았다. "Stay weird, stay different." 그의 말마따나 이상한 채로 있는 데서, 다른 상태로 머무르는 데서 아마 특별한 무언가가 나올 것이다. 이상함은 정상적인 상태에서 벗어난 것을 가리키는 게 아니라 놀랍고 색다른 상태를 지칭하는 것이라 생각한다. 이는 어쩌면 시시각각 정상과 비정상을 가른 뒤, 조금이라도 기준에서 벗어난 것을 용인하지 않는 이 사회에 더욱 절실한 말이 아닐까. (3월 5일)

들여다보다
내다보다

한국어에는 '보다'와 관련된 단어가 참으로 많다. 가려보다, 살펴보다, 알아보다, 훑어보다, 노려보다, 뜯어보다, 눈여겨보다, 건너다보다 등 언뜻 떠오르는 것만 해도 열 개가 훌쩍 넘는다. 놀라운 건 각각의 '보다'마다 뜻이 조금씩 다 다르다는 점이다. 상황에 따라 어떤 '보다'를 적용해서 볼지 결정하는 일은 매우 중요하다. 꼼꼼히 살펴봐야 할 때 대강 훑어봐서는 안 되고 눈여겨봐야 할 사람을 얼렁뚱땅 건너다봐서도 안 된다. 이 무수한 '보다' 중 내가 가장 좋아하는 '보다'는 바로 '들여다보다'와 '내다보다'이다. 들여다보는 것은 밖에서 안을 보는 일, 가까이서 자세히 살피는 일이다. 들여다보기 위해서는 호기심과 인내심이 요구된다. 들여다보는 사람은 시시로 엄습하는 지루함을 이겨내야 하고 바라보는 대상에 대한 애정을 잃어서도 안 된다. 오랫동안 들여다보다보면 남들이 미처 발견하지 못한 것을 보게 될 때가 있는데, 이 순간에 찾아오는 짜릿함은 그간의 긴 기다림을 잊게 만들어준다. 내다보는 것은 안에서 밖을 보는 일, 먼 곳을 보는 일, 앞날을 미리 헤아리는 일이다. 내다보는 사람은 자기 자신에 대한 믿음을 결코 잃어서는 안 된다. 또한 들여다보기를 거치지 않으면 내다보는 데 실패할 수밖에 없는데, 자신이 지금 있는 자리를 이해하지 않은 채 바깥을 파악하고 내일을 예측하는 일은 불가능하기 때문이다. 요컨대 들여다보면서 자기 자신과, 내다보면서 세계와 가까워지는 셈이다. 들여다보기와 내다보기를 둘 다 잘하는 사람에게는 하루하루가 새로운 날이다. (3월 6일)

기대는 간헐적으로,
걱정은 매일

    외국 여행을 앞둔 친구가 연일 콧노래를 부른다. 그렇게 좋으냐고 물으니 수줍게 고개를 끄덕인다. 출국일이 가까워질수록 입꼬리가 점점 더 귀를 향해 올라간다. 남의 잘못에 너그러워지고 평소라면 지겨워할 일도 생글생글 웃으면서 처리한다. 그 모습을 보고 덩달아 옆에 있는 사람들까지 기분이 좋아진다. "뭐가 제일 기대돼?" 물으니 한참 후에야 수줍은 듯 말한다. "여기가 아니잖아. 그게 제일 좋다." 기대란 그런 것이다. 정확히 어떤 것을 그리거나 꿈꿀 때도 있지만, 대부분의 기대는 이처럼 뚜렷하지 않다. 뚜렷하지 않다는 것은 그만큼 확장될 가능성이 풍부하다는 말도 된다. "그나저나 몽이는 어떡하지? 낯선 환경에 적응 잘 못하는데." 몽이는 친구가 키우는 반려견이다. 반려견을 맡길 사람에게 먹는 데서부터 자는 데까지 세세하게 당부하는 것은 물론, 틈만 나면 반려견의 사고나 질병에 대비해 양질의 정보를 찾아 정리한다. 이처럼 기대는 막연하고 걱정은 구체적이다. 기대가 머릿속의 뜬구름 같은 것이라면 걱정은 새털구름이나 양떼구름처럼 형체가 분명히 그려지는 것이다. 기대는 간헐적으로 찾아오고 걱정은 매일 들이닥친다. '앞으로 잘될 거야!'라는 기대는 '내일 당장 뭘 입지?'라는 걱정보다 비현실적으로 느껴진다. 기대는 점점 줄어드는데 걱정은 풍성해지니, 간만에 품는 기대는 더욱 애틋하고 소중할 수밖에 없다. (3월 11일)

끝을 꺼내는 법
끝을 시작하는 법

"미안하지만 수업을 이번주까지만 해주셔야겠어요." 십여 년 전 어느 날, 미안한 기색이 전혀 느껴지지 않는 미안하다는 말을 들었다. 대학교에 들어가서 학비를 벌어볼까 시작했던 학원 강의가 갑자기 막을 내리게 된 것이다. 저 말을 한 사람 또한 학원에서 접수 업무를 맡고 있었는데, 자신도 일자리를 잃는 처지인지라 남까지 신경쓰는 게 쉽지는 않았을 것이다. 수업을 마치고 집에 오는데 기분이 영 찜찜했다. 끝을 알리는 방법이 크게 잘못됐다는 생각이 들었다. SNS로 헤어지자는 말을 들었을 때도 비슷한 기분이었다. 어떻게 그럴 수 있냐고 화를 냈다가 내 얼굴을 보고는 차마 얘기할 수 없었을 거란 변명만 들었다. 끝을 예감하고 있는 경우에는 위의 통보가 덜 충격

적일 수 있다. 하지만 불현듯 끝이 찾아오는 경우, 끝을 말하는 사람에 비해 끝을 듣는 사람은 여러모로 취약할 수밖에 없다. 한동안 어안이 벙벙한 채로 있다가 나중에야 분노하고 마는 것이다. 끝을 알리는 일, 끝이라는 사실을 상대에게 전달하는 일은 시작을 알리는 일보다 더 중요하다. 시작은 마음을 채우는 일이라 마냥 설렐 수밖에 없다. 반면, 끝은 마음을 덜어내는 일이므로 어느 때보다도 신경을 더 많이 기울여야 한다. 끝을 꺼내는 법, 끝을 시작하는 법에 마음을 써야 하는 이유가 바로 여기에 있다. 우리가 만날 때도 '안녕'이라고 인사하고 헤어질 때도 '안녕'이라고 인사하듯이. (3월 18일)

실없거나
뼈 있거나

　농담을 좋아한다. 농담을 하는 것도 좋아하고 듣는 것도 좋아한다. 농담을 할 땐 번번이 짓궂은 소년이 되고 농담을 들을 땐 나도 모르게 어리숙한 청년이 된다. 농담을 주고받으며 서먹한 사이에 균열이 나는 순간을 매번 마음에 담곤 한다. 농담은 으레 분위기를 부드럽게 만들고 상호 간의 관계를 돈독하게 해주지만, 어설프거나 도가 지나친 농담은 관계를 오히려 해치고 만다. 어색함을 깨고자 한 말이 오히려 살얼음이 될 수도 있다는 말이다. 예전에는 어색한 자리에서 농담을 꺼냈지만 이를 깨닫고 난 뒤에는 편하고 느슨한 자리에서 농담을 풀어놓는다. 서로를 잘 알고 있을 때에만 농담의 방향을 가늠하고 농담의 세기를 조절할 수 있으니 말이다. 농담에도 다름 아닌 농담濃淡

이 필요한 것이다. 실없는 농담을 주고받다가 어느 순간, 둔중한 것으로 뒤통수를 한 대 맞은 것 같은 기분이 들 때도 있다. 실없는 줄 알고 받아들였는데, 실은 그렇지 않았던 것이다. 농담에 실實이 있다는 것은 뼈가 있다는 말이다. 그런 농담은 가슴속에서 쉬 지워지지 않는다. 열매가 다 익고 뼈가 다 녹을 때까지 시간이 걸리는 것이다. 농담은 잉여인 경우가 많지만, 잉여이기 때문에 앙금이 될 확률이 높다. 실 있는 농담을 받아들여 앙금이 아닌 뼈로 만들 때 우리는 단단해질 수 있다. 비로소 다음 농담을 시작할 수 있게 된다. (3월 20일)

엄마 보러 가자

 외할머니가 편찮으시다. 병원에 계시는 할머니를 생각할 때면 늘 마음이 저리다. 고향에 내려갈 때마다 병원에 가는데 그때마다 물으신다. "오늘, 무슨 날이냐?" 일 년이 넘게 병원에 누워 계시다보니 어제와 오늘이 크게 다르지 않은 것이다. 그러고는 매양 옛날이야기를 풀어놓으시기 시작한다. 할머니에게는 색다를 것 없는 어제와 오늘을 기억하고 사는 것보다 다채로웠던 옛날을 회상하는 게 훨씬 더 즐거울 것이다. 이야기의 내용은 비슷하지만 옛날이야기를 풀어내는 할머니의 방식은 매번 다르다. "애한테 치킨을 시켜주면 닭다리를 양손에 들고 그걸 얼마나 야무지게 먹었는지 몰라. 한 사람당 닭다리를 두 개씩 먹이려고 두 마리를 시켰다니까, 글쎄." 최근의 기억이 흐려지는 만큼 옛날 기억은 더욱 선명해지는 모양이다. 이야기를 듣는 내내 할머니의 앙상한 손을 가만히 잡고 있었다. 이 손으로 내 작은 손에 닭다리를 쥐여주셨을 것이다. 다음날, 아침부터 엄마가 음식 장만에 한창이었다. "엄마 보러 가자." 엄마의 입에서 엄마라는 말이 흘러나올 때 콧마루가 찡했다. 외할머니가 엄마의 엄마라는 당연한 사실이 그 순간 더욱 생생했다. 엄마의 엄마를 보러 가는 길, 엄마의 눈시울은 이미 붉어져 있다. 엄마의 손을 가만히 잡았다. 이 손이 더 앙상해지기 전에, 엄마가 옛날이야기에 익숙해지기 전에 더 많은 기억을 함께 쌓아가야겠다. (3월 25일)

더와 덜

"더 먹어야지. 그래야 키 크지." 식당에서 밥을 먹는데 옆 테이블에 앉은 모녀가 나누는 대화가 들린다. 고개를 돌려 바라보니 아이는 입을 삐죽 내밀고 고개를 절레절레 흔들고 있다. 엄마는 계속 아이를 어르고 달래고 구슬려서 결국 아이의 입을 여는 데 성공한다. 새침데기 같던 아이의 얼굴에 미소가 번진다. 엄마가 숟가락에 떠준 밥과 반찬이 맛있었던 모양이다. 다른 쪽 테이블에 앉은 두 여자가 나누는 대화는 영 딴판이다. "그만 먹어야 돼. 배고파서 계속 먹었더니 바닥까지 긁어 먹게 생겼어." "그러게 말이야. 트레이너가 조금 덜 먹고 훨씬 더 많이 걸으라고 했는데." 여자들은 서둘러 자리에서 일어나 계산을 하고 식당 밖으로 나간다. 표정에는 사뭇 비장함마저 서려 있다. 두 테이블의 사이에서 밥을 먹다가 갑자기 웃음이 터져나온다. 한쪽은 더 먹는 일로, 다른 한쪽은 덜 먹는 일로 옥신각신하니 그 사태에 휘둘려 나도 모르게 숟가락을 들었다 놨다 했던 것이다. 생각해보니 시를 쓰는 내게 늘 매력적이었던 부사는 '더'와 '덜'이었다. 과잉과 결핍 사이에서 갈팡질팡하다 결국 식당의 이 테이블에 자리를 잡게 된 것 같았다. 말을 더덜더덜 더듬고 있으면 어느새 시를 쓰고 있는 나 자신을 마주할 수 있었듯 말이다. 오늘은 평소보다 밥을 더 먹었으니 그만큼 글을 더 열심히 써야겠다고 생각하며 자리에서 일어섰다. (3월 26일)

길 위의 이야기

　산책을 하다보면 나도 모르게 무릎을 탁 치게 되는 순간이 찾아온다. 결정적인 장면을 목도해서 그럴 때도 있지만, 대부분은 내가 으레 지나치곤 하던 공간에서 균열을 발견했을 때 탄성이 흘러나온다. 왜 여태 몰랐었지? 저기에 저 나무가 서 있었다는 것을, 지난겨울에 군밤 팔던 아저씨가 앞집에 살고 있었다는 것을, 담벼락의 낙서가 실은 시구를 옮겨 적은 것이었다는 사실을. 그때부터였을 것이다. 하던 일이 잘 풀리지 않으면 무작정 밖으로 나갔다. 눈여겨보지 않았던 것들을 눈여겨보다보면 어떤 실마리를 찾을 수 있었다. 사람들을 관찰하고 그들이 나누는 심상한 얘기를 듣고 있으면, 심상치 않은 분위기가 나를 휘감았다. 그들의 대화를 한 귀로 듣고 다른 한 귀에 그것을 잘 담아두었다. 집에서 내가 머리를 쥐어뜯고 있는 사이, 이렇게 많은 사연이 길 위에서 만들어지고 있었던 것이다. 그래서 길은 늘 볼 수 없다. 길옆에 있으면 풍경은 관찰할 수 있지만 어떤 말들이 수놓아지고 있는지 알아채기 힘들다. 다름 아닌 길 위에 있을 때에만 풍경을 볼 수도, 이야기를 들을 수도 있다. 이야기가 만들어지는 현장은 머릿속이 아닌 집 밖이다. 바로 길 위다. 그곳에 사람이 있고 사연이 있다. 삶이 있다. 나는 오늘도 행인이 되어 기꺼이 길 위에 선다. (3월 27일)

2016

삶이라는 형식,
희망이라는 내용

　미국의 소설가 셔우드 앤더슨의 묘비에는 다음과 같은 문구가 적혀 있다. "죽음이 아니라, 삶이야말로 위대한 모험이다." 어릴 적 그는 정규교육을 제대로 받지 못하고 여기저기를 떠도는 삶을 살았다. 페인트 공장을 경영해서 성공을 거둔 그는 어느 날 뜻밖의 결정을 내리게 된다. 사업을 그만두고 글을 쓰기로 마음먹은 것이다. 편한 생활을 등지고 늦깎이 작가의 길로 들어선 그에게는 하루하루가 모험이었을 것이다. 세간에 가장 많이 알려진 연작 단편집 『와인즈버그, 오하이오』(김선형 옮김, 시공사, 2016)에 실린 단편 「탠디」에는 다음과 같은 구절이 나온다. "내가 중독된 건 술뿐만이 아니었습니다. 또다른 게 있었죠. 나는 사랑을 하는 사람인데, 사랑할 내 것을 찾지 못했어요. 제 말뜻을 알아들으실지 모르겠지만, 그건 대단히 중요한 이야깁니다." 그는 이미 사람을 사랑하고 있었고 이야기에 중독되어 있었던 것이다.

복막염으로 갑작스러운 사망에 이를 때까지 그의 모험은 계속되었다. 삶이라는 '형식'에 모험이라는 '내용'을 담는 일은 다름 아닌 글쓰기를 통해 구체화되었다. 진득하게 관찰하는 태도로 인물들을 구성하고 그것을 시대적 상황에 녹여냄으로써 그는 고유한 이야기를 갖게 되었던 셈이다. 자기만의 형식에 자기만의 내용을 담기로, 안정적인 삶을 박차고 나가 모험에 뛰어들기로 마음먹지 않았다면 이야기는 분명 다른 방식으로 쓰였을 것이다. 그에게 지대한 영향을 받은 윌리엄 포크너와 어니스트 헤밍웨이, 아모스 오즈는 오늘날과 같은 방식으로 존재하지 않았을지도 모른다.

이는 비단 특정 인물에 국한된 얘기는 아니다. 우리는 하루에도 무수히 많은 형식과 내용을 접한다. 어떤 경우, 이 둘은 자연스럽게 어울려 보고만 있어도 절로 웃음이 나온다. 머그잔에 담긴 커피, 유리병에 꽂혀 있는 꽃, 책장들 사이에 있는 책갈피처럼 익숙해서 안정감을 가져다주는 풍경이 그렇다. 또한 우리는 신뢰 가는 배우의 명연기, 가창력이 풍부한 가수의 라이브 공연, 좋아하는 작가가 쓴 신작 소설처럼 사람이라는 형식과 그 사람이 만들어내는 내용이 맞아떨어질 때 환호한다.

 얼마 전 국회에서 있었던 필리버스터filibuster는 형식과 내용이 절묘하게 들어맞은 경우다. 그것은 '정치인'이라는 형식에 '정치'라는 내용이 어떻게 접목될 수 있는지를 실시간으로 보여주는 일이었다. 정치에 기대와 신뢰를 저버린 사람들의 이목을 잡아끈 것은 바로 무제한 토론이라는 형식과 그 형식을 십분 활용해서 자기만의 내용을 담아 풀어낸 정치인들의 이야기였다. 수 시간부터 십수 시간 동안 화장실에도 가지 않고 테러방지법을 비롯해 인권을 둘러싼 개인적인 이야기를 하는 정치인들을 보고, 우리는 감동하지 않을 수 없었던 것이다. 우리가 지금껏 그토록 원했던 것은 이런 내용이 아니었을까. 선거철에만 반짝 나타나 노동자와 소상공인들의 손을 잡는 가식적인 사람 말고, 독자적인 눈으로 세상을 바라볼 줄 아는 사람, 자기 할말이 있는 사람, 자기만의 절실한 내용이 있는 사람을 우리는 바랐던 것이다. 그런 사람이 한둘이 아니라는 점에 우리는 환호했고, 아직은 이 사회에 기대할 것이 남아 있다는 사실에 적잖이 안도하기도 했다.

 그뿐만이 아니다. 장장 백구십이 시간 동안 서른여덟 명의 이야기를 들으면서, 우리는 대한민국 국회의원들이 이렇게나 똑똑하다는 사실에 놀라기도 했고 용어 자체만으로는 더없이 완전해 보였던 '테러방지법'의 속내를 면밀히 들여다볼 수도 있게 되었다. 필리버스터 영상을 SNS상에 공유하거나 웹툰과 동영상 등 새로운 콘텐츠를 만들어 배포하면서, 스스로의 형식에 대해 고민하고 거기에 부합하는 내용을 담으려고 기지를 발휘하는 시민들도 있었다. 그런가 하면 자리에 앉아 말끝마다 어깃장을 놓고 핏대만 높이는 여당 의원들을 향해 "빈 수레가 요란하다"라고 야유를 보내기도 했다. 설득은 볼륨으로 하는 것이 아니고 내용이 없는 큰소리는 폭력일 뿐이라는 사실은 점점 생생해졌다. 필리버스터가 맥없이 막을 내렸을 때 우리가 분노한 것도 내용과 형식의 괴리 때문이었다. 테러방지법 직권 상정 반대라는 내용이 죽 이어지지 않고 내부적 합의 없이 갑자기 막을 내리고 만 형식에 개탄하지 않을 수 없었던 것이다. 그럼에도 불구하고 필리버스터는 토론과 합의가 얼마나 중요한지, 나아가 민주주의의 본질이 무엇인지 절절히 깨달을 수 있는 경험을 선사했다.

경험은 형식이나 내용 하나만 가지고 완성될 수 있는 것이 아니다. 나만의 내용, 나만이 할 수 있는 이야기가 구축되고 그

것이 발현될 수 있는 형식이 뒷받침될 때에야 비로소 가능한 것이다. 필리버스터에서 우리가 본 것은 희망이었다. 드라마였다. 결코 잊어서는 안 될 현대사였다. '합법적 의사 진행 방해 행위'에서, 우리는 역설적으로 민주주의의 가능성을 목도한 것이다. 4월 총선이 서서히 다가오고 있다. 투표는 우리가 의사 표현을 할 수 있는 기본적이면서도 적극적인 형식이다. 다음 국면의 내용이 투표라는 형식을 통해 발현될 것이다. 우리가 희망하거나 분노했다면 그에 상응하는 이야기가 펼쳐져야 한다. 이 작은 '모험'이 어쩌면 삶이라는 형식을 조금 위대하게 만들 수도 있을 것이다. (3월 27일)

나는 기억하기 위해
투표장에 갈 것이다

 4월의 첫날은 만우절이다. 가벼운 거짓말로 서로 속이며 즐거워하는 날이라고 하지만, 섣불리 거짓말할 엄두가 나지 않는다. 이 년 전, 우리는 무시무시한 거짓말을 들었다. 그것도 국가로부터. "구조하겠습니다"라는 국가의 호언에 언론은 "전원구조"라는 오보로 화답했다. 거짓말을 들키지 않기 위해 다른 거짓말을 또 해버리고 마는 것처럼, 거짓말은 꼬리에 꼬리를 물었다. 거짓말이 있었다는 사실은 분명했지만, 그 거짓말을 맨 처음 누가 흘렸는지에 대해서는 사이좋게 함구했다. 국가의 실체가 가장 불분명했던 순간이었다. 그리고 진상을 낱낱이 규명하겠다는 국가의 약속은 지금까지도 제대로 지켜지지 않고 있다. 책임을 묻는 자리에서는 거짓말의 배후에 있었던 그 누구도 찾아볼 수 없었다. 국가가 컨트롤 타워가 아니라는 주장만 여기저기서 들려왔다. 국가라는 존재가 하나의 거대한 거짓말 같았다.

 세월호 참사가 일어난 지 이 년이 흘렀다. 이제 좀 잊자고, 여태 그 얘기를 꺼내는 게 지겹지도 않느냐며 핏대를 올리는 사람들도 있다. 그들이 하는 말의 끄트머리에 항상 따라다니는 문장이 있다. "산 사람은 살아야지." 동의한다. 역설적으로, 산 사람이 '제대로' 살기 위해 우리는 더욱더 잊으면 안 된다. 문제의 근저를 이루는 요소들을 어떻게든 계속 상기해야 한다. 더 적극적으로 세월호 이야기를 해야 한다. 거짓말을 파헤치고 그 아래 있었던 각종 추악한 장면들을 직시해야 한다. 외면과 무관심은 거짓말이 계속해서 창궐할 수 있는 환경을 공고히 할 뿐이다. 지난 이 년 동안, 하루아침에 달라지는 것은 거의 없다는 사실을 확인하는 일이 지난하게 되풀이되었다. 사회가 거짓말처럼 건강해지는 일은 결코 일어나지 않았다. 무기력이 망각을 부추길 때마다 나는 가방에 달고 다니는 노란 리본을 빤히 바라보았다. 잊기 위해서는 잊을 수 있는 환경이 조성되는 게 우선일 텐데, 시간의 권위에 의지한 채 무작정 잊자고 말하는 것은 그냥 이대로 살자고 무책임하게 강요하는 것과 다를 바 없다.

얼마 전, 세교 포럼 〈세월호 시대의 문학 II―할 수 있는 말, 해야 할 말〉에 참여했다. 할 수 있는 말과 해야 할 말은, 글을 쓰는 내가 평생 짊어지고 가야 할 화두이기도 하다. 포럼에서 가장 기억에 남는 것은 인권운동사랑방의 미류님이 던진 질문이었다. "지금을 세월호 '이후'라고 말할 수 있을까요?" 해결이 되지 않았다면, 사건이든 감정이든 현재진행형이다. 지금이다. 여기다. 우리는 아직 세월호 시대에 살고 있는 것이다. 나는 망각하려는 경향이 기억하려는 경향보다 강하다는 사실을 잘 알고 있다. 기억은 점점 흐려지고 나중에는 그런 일이 있었다는 뉘앙스만 남기 때문이다. 동시에 나는 기억하려는 힘이 망각하려는 힘보다 강하다는 사실 또한 잘 알고 있다. 기억하려는 힘은 망각하려는 성질에 반反하는 것으로, 굳은 의지가 없으면 불가능하기 때문이다.

기억하기 위해서는 주위를 둘러보는 일, 주변을 살피는 일을 게을리해서는 안 된다. 남의 일이 나의 일이 되지 않으면, 바깥의 일을 내 안으로 끌어들이지 않으면 어떤 사건도 나를 울리지 않는다. 내가 보고 싶은 것만 보고 내가 듣고 싶은 것만 듣게 되면 나의 세계는 더없이 협소해질 수밖에 없다. 나도 모르게 이 세계의 '남'이 되어버린다. 반면 주변에 있었던 일을 기억한다는 것은 타인을 이해하고 공감하는 일임은 물론이거니와, 사회를 더 나은 쪽으로 변화시킬 수 있게 돕는다. 잊지 말아야 할 것이 늘어날수록 스스로의 내면에 더 많이 귀를 기울이게 된다. 오늘보다 덜 나쁜 내일을 희망할 수 있게 된다.

이 년 전, 말도 안 되는 일이 있었다. 다녀오겠습니다, 구조하겠습니다. 지켜지지 못한 말과 지켜지지 않은 말이 있었다. 지켜지지 않은 말들이 쌓이고 쌓여 외면을 부추기고 무관심을 불러일으켰다. 그사이, 헬조선이라는 말이 아득한 은유가 아니라 생생한 현장이 되었다. 먹고사는 게 힘들어 망각의 속도는 점점 빨라지고 있다. 다가오는 총선과 세월호 2주기가 기억하려는 의지를 다시금 일깨우는 계기가 되면 좋겠다. 선거일이 임시공휴일이라는 사실만 기억하지 말고 투표가 우리의 가장 큰 권리임을 앞장서서 잊지 말아야 한다.

플라톤은 이렇게 말했다. "정치를 외면한 제일 큰 대가는 가장 저질스러운 인간들에게 지배당한다는 것이다." 뽑을 사람이 없다는 걱정보다 더 분명한 것은 절대 뽑혀서는 안 되는 사람이 있다는 사실이다. 투표는 그 누구를 위해서 하는 게 아니라, 바로 나 자신을 위해 하는 것이다. 이는 내가 여기에 속해 있다고, 관여하고 있다고, 현장을 잊지 않았다고, 나에게 찾아올 내일을 포기하지 않았다고 스스로에게 알리는 일이다. 아직 똑똑히 기억하고 있다고, 앞으로도 잊지 않겠다고 다짐하는 일이다. 투표를 한다고 하루아침에 나와 내 주변이 달라지는 일은 없을 것이다. 그러나 투표를 하지 않으면 나와 내 주변이 달라질 수 있는 가능성 자체가 아예 없을 것이다. 나는 무엇보다 기억하기 위해 투표장에 갈 것이다. (4월 6일)

누군가가 던진 질문이
나의 오후를 채우고 있었다

목욕탕에 다녀오는 길, 편의점 앞 파라솔에 앉아 바나나 우유를 마시고 있었다. 어릴 적 목욕을 마치고 집에 돌아가는 길에 아버지는 늘 바나나 우유를 사주셨다. 온탕과 냉탕에 번갈아 들어가 노는 것도 좋았지만 바나나 우유에 빨대를 꽂고 그것을 쪽쪽 빨아 먹는 시간을 나는 더 좋아했다. 한번은 "아빠, 왜 귤 우유는 없어? 나는 귤 좋아하는데"라고 물은 적이 있었다. 아버지는 나를 그윽하게 바라보며 이렇게 말씀하셨다. "네가 커서 한번 만들어보면 어떨까?" 귤 우유를 만드는 상상을 하며 걸어갈 때 발바닥에서는 자그맣게 불꽃이 일었던 것도 같다. 질문을 던지는 것만으로도 뭐든 할 수 있을 것 같은 날들이었다. 눈이 녹으면 왜 봄이 오는지, 새는 어찌 저리 높이 날 수 있는지, 달은 왜 매일매일 조금씩 제 모양을 바꾸는지, 궁금한 게 참으로 많던 시절이었다.

노트북을 챙기러 집에 들어가는데 일고여덟 살쯤 되어 보이는 아이가 엄마의 치맛자락에 매달려 응석을 부리고 있었다. "엄마, 예쁜 거랑 아름다운 거랑 뭐가 달라?" "비슷한 거야." 양손 가득 비닐봉투를 든 엄마는 심드렁하게 대꾸하며 걸음을 재촉했다. 아름다운 질문과 함께, 예쁜 아이가 저 멀리 사라져갔다. 아이가 내게 그 질문을 했다면 나는 과연 어떻게 대답했을까. 당황해서 머리를 긁적였을까? 순간을 모면하기 위해 엄마처럼 아이를 잡아끌며 걸음을 재촉했을까? 예쁜 것이 모이면 아름다움이 된다고 대답했을까? 예쁜 것은 단번에 알 수 있지만 아름다움에는 균형과 조화가 중요하기 때문에 오랫동안 봐야 그것을 겨우 알아차릴 수 있다고 짐짓 뽐내며 대답했을까? 누군가가 던진 질문이 나의 오후를 채우고 있었다. 아이의 질문이 꼬리에 꼬리를 물고 계속되기를, 커가면서 그 질문에 대한 답을 스스로 찾을 용기가 생기기를 바랐다.

카페에 가는 길에 두 명의 중학생을 보았다. "우리 뭐 먹을까? 떡볶이?" "좋아! 순대도 먹자. 시험 끝났으니 영화도 보자." "무슨 영화?" "떡볶이랑 순대 먹으면서 찾아보면 되지! 몇 개 봐

둔 게 있기도 하고." "맞다! 그러면 되겠네." 보고만 있어도 웃음이 절로 나왔다. 학생들은 질문을 던지고 거기에 맞는 답을 찾는 데 거리낌이 없었다. 선택지가 별로 없어서일지도 모르지만, 그 선택지 안에서도 자신의 기호를 반영하려 애쓰는 모습이 보기 좋았다. 카페에 들어갈 때까지 그들의 질문은 그치지 않았다. 먹고 싶은 것도, 하고 싶은 것도, 알고 싶은 것도 많은 나이였다. 다음번에 우연히 만나도 그들은 또다른 이야기로 꽃을 피우고 있을 것이다.

카페에 앉아 글을 쓰고 있는데 맞은편에 두 명의 청년이 앉아 있는 것이 보였다. "이제 뭐 하지?" 한 청년이 자못 심각하게 물었다. 잠시 침묵이 흘렀다. "다 썼어? 글자 수가 너무 많아도 감점이 된다고 하던데 알고 있었어?" "넌 여태 몰랐어?" 주고받는 질문들에는 매가리가 하나도 없었다. 대신, 깊은 체념과 만성적인 분노가 그 안에 자리잡고 있었다. "살면서 가장 인상적이었던 일이 뭘까? 기억을 하나 새로 만들어야 할 것 같아." 한 청년이 싱겁게 웃자 다른 청년이 한숨을 길게 내쉬었다. "혼자 힘으로 이룩한 최고의 업적이 뭐냐는 질문도 이상하지 않아? 아무리 머리를 굴려도 도통 떠오르는 게 없다." 청년들은 답을 할 때는 자신감이 없었지만 물을 때는 자기도 모르게 신경질적으로 변했다. 수심에 잠긴 얼굴에서는 질문을 던질 여유도, 답을 구하겠다는 자신감도 찾아볼 수 없었다.

저녁에는 친구를 만났다. 병원에 계신 할아버지를 보고 온 친구가 울상을 지으며 말했다. "뭐 필요하신 거나 궁금하신 게 없는지 여쭤보니 내게 그러시더라. 당신 가실 날이 언제인지가 궁금하시다고. 딱 그것만 궁금하시다고." 나는 아무 말도 하지 않고 가만히 친구의 손을 잡아주었다. "그래서 내가 이런저런 질문을 드렸어. 고모는 요즘도 매일같이 오시냐고, 아직도 왼쪽 어금니가 많이 아프시냐고, 벚꽃이 피었다 진 건 아시냐고." 친구의 눈에는 눈물이 고여 있었다. "아무 말도 하시지 않더라. 두 눈만 지그시 감으시더라." 우리는 말없이 조용히 걸었다.

하루 동안 많은 사람을 만나고 스친 날이었다. 그들은 모두 질문과 답에 둘러싸여 있었다. 누군가는 열정적으로 질문을 던지고 있었고 또다른 누군가는 답을 구하는 데 열심이었다. 질문을 던지고 답을 찾는 데 어려움을 겪는 이들도 있었다. 분명한 것은 세상에 대한 관심이 줄어들수록 질문 역시 점점 줄어들 수밖에 없다는 점이다. 묻는 것이 두려워질수록 삶은 생기를 잃는다. 질문이 없는 삶은, 질문이 없다는 점에서 답이 나오지 않는 삶이기도 하다. 질문을 던진다는 것은 내가 아직 이 세상에, 스스로의 내일에 희망을 걸고 있다는 것이다. 어린 시절, 눈만 뜨면 절로 생겨나던 무수한 질문 덕분에 우리는 그토록 열심히 꿈을 꿀 수 있었는지도 모른다. (5월 4일)

이유 있는 여유

 근교로 놀러가자는 친구의 말에 "여유가 없어"라고 쏘아붙이고 전화를 끊었다. 머리를 굴려보면 나들이를 갈 수도 있을 듯했지만, 단칼에 거절을 하고 나니 정말로 여유가 없는 것 같았다. 달력을 넘겨보고 휴대전화를 열어 메모장을 들여다보았다. 해야 할 일들이 있었지만, 오늘 하루 놀러가지 못할 정도는 아니었다. 문득 여유가 없다고 말할 때의 여유는 단순히 시간적 여유가 아니란 생각이 들었다. 기꺼이 무리를 하겠다는 마음, 굳이 그렇게까지 하고 싶은 의지와 더 가까운 것 같았다. 그날 나는 해야 할 일들 중 아무것도 하지 않았다. 나들이를 가지 않은 아쉬움과 일을 하지 않았다는 죄책감 때문에 온종일 마음이 무거웠다. 하루를 공쳤기 때문에 다음날부터는 정말로 여유가 없어지고 말았다.

여유는 크게 두 가지 층위에서 이야기된다. 먼저 물질적 여유, 공간적 여유, 시간적 여유처럼 내가 현재 처해 있는 상황으로 규정되는 여유가 있다. 통장 잔고를 체크할 때, 나도 모르게 자꾸 시계를 볼 때, 식당에서 자리를 잡을 때 우리가 하루에도 몇 번씩 살피는 여유 말이다. 이때는 여유의 기준이, 넉넉함을 측정할 수 있는 척도가 비교적 객관적인 편이다. 물질적 여유가 없어서 초밥 대신 김밥을 사 먹고 커피숍이 아닌 자판기 앞에 가야 할 때도 있다. 공간적 여유가 없어서 커다란 냉장고를 사는 것을 포기할 수도, 책상 대신 조그만 상을 들일 수도 있을 것이다. 시간적 여유가 없어서 총알택시를 타거나 기다려왔던 약속을 뒤로 미룰 수밖에 없을지도 모른다.

여유는 마음의 상태를 얘기하는 데 사용되기도 한다. 마음의 상태라고 지칭하긴 했지만 그 마음이 드러나는 표정, 태도, 행동 등을 통해 여유를 가늠할 수 있다. 마음에 여유가 없으면 어떤 일도 손에 잡히지 않는다. 사람을 만나는 것도, 어디에 놀러가는 것도 특별한 이유 없이 다 싫어진다. 반면, 여유가 있는 사람은 그 사람을 둘러싼 분위기에서부터 여유로움을 감지할 수 있다. 비단 물질적인 여유를 말하는 것이 아니다. 여유 있음은 낯선 사람에게 얼마나 열려 있는지, 상대의 말을 얼마나 열심히 귀담아듣는지, 출퇴근길 지하철에서 주위를 살피고 걷는지 등 대부분 태도에서 드러나게 마련이다. 음식을 내온 사람에게 건네는 미소나 상대방을 배려하는 말투에서도 여유는 묻어난다.

두 가지 층위의 여유는 상호 간에 영향을 끼치기도 한다. 돈이 없으면 아무리 가까운 사람이라 할지라도 선뜻 만나기 꺼려진다. 처리할 일이 산더미처럼 쌓여 있을 때 공짜로 얻은 해외여행 비행기 표가 다 무슨 소용이란 말인가. 여유 간의 불일치로 힘들어하는 사람도 많다. 빡빡한 생활을 하다 갑작스럽게 여유가 찾아왔을 때 반가우면서도 그 여유를 어찌 활용할지 막막한 것이다. 일할 때는 그토록 쉬고 싶었는데 정작 쉴 시간이 주어지니 어떻게 그 시간을 보내야 할지 몰라 허둥대는 이야기, 복권에 당첨된 후 큰 집으로 이사했지만 거실에 한데 모여 생활하는 가족의 이야기가 그리 멀지 않게 느껴지는 것도 다 이 때문이다. 이처럼 시공간적 여유는 있는데 마음의 여유가 없을 때 우리는 초조함을 느낀다. 반대로 마음의 여유는 있는데 경제적 여유가 없을 때에는 대책 없이 느긋하다고 주변에서 손가락질을 하기도 한다.

첫번째 여유가 상황에 따라 달라진다면 두번째 여유는 평소의 훈련으로 얻을 수 있다. 길을 걸을 때 휴대전화를 항상 주머니에 넣어두는 습관, 상대의 말을 끝까지 들으려는 마음가짐, 급한 일이 떨어졌을 때 심호흡을 하는 태도는 우리 스스로를 여유에 한 발짝 더 가깝게 만들어준다. '급할수록 돌아가라'라는 속담은 마음의 여유가 얼마나 중요한지를 역설하는 것이다. 약속 시간에 늦어 부랴부랴 나왔다가 지갑을 두고 와 다시 집으로 돌아간 경험이 다들 한 번쯤은 있을 것이다.

  여유를 만드는 일, 스스로의 마음에 틈을 내는 일이 점점 더 소중해지고 있다. 쉬는 것이 죄처럼 여겨지는 사회에서 여유를 능동적으로 찾는 일은 언뜻 뒷걸음질처럼 생각될 수도 있다. 그러나 여유를 낼 때에야, 가던 길을 잠시 멈추고 한 발 물러섰을 때에야 비로소 주위를 둘러보는 일도, 나 자신을 들여다보는 일도 가능해진다. 여유가 나면 사람들은 보통 영화를 보거나 여행을 가는 등 자신들이 좋아하는 일을 한다. 이는 취향을 반영하는 것이다. 여유가 날 때까지 기다리지 않고 적극적으로 여유를 내면 그 자리에 의지와 절박함이 들어선다. 여유를 낸다는 것은 다른 것을 할 수도 있는 시간을 나로 향하게 만드는 일이기 때문이다.

지금껏 나는 여유를 내서 딴생각을 하고 글을 써왔다. 스스로에게 본래의 정체성을 찾아주는 일, 나를 둘러싼 시간과 공간에 나를 분명하게 각인하는 일, 마침내 삶이 희미해지지 않게 하는 일, 나는 이것들이 모두 자발적으로 나서서 만드는 여유에서 나온다는 생각을 한다. 이는 궁극적으로 내가 현재 누리는 여유에 마땅한 이유를 찾아주는 일이기도 할 것이다. (6월 1일)

'편하다'의 반대편에는 '새롭다'도 있다

주말에는 의도적으로 밖에 나가려고 한다. 집에서는 작업이 생각처럼 잘되지 않기 때문이다. 집에서 글 쓰는 것이 편하기는 하지만, 편하다는 이유로 몇 자 쓰다 말고 침대에 몸을 맡기기 일쑤다. 조금만 쉬다 작업을 하겠다고 마음먹지만 뜻대로 이루어지는 경우는 별로 없다. '이번주에는 많이 바빴으니 오늘은 그냥 쉬자'나 '책을 읽는 것도 글을 쓰는 밑거름이 되잖아?'처럼 나태해진 자신에게 핑계를 찾아주기 바쁘다. 행여 낮잠이라도 들게 되면 일어났을 때에는 이미 하루가 훌쩍 가 있다. 다음주 주말까지 나는 아마 글 쓸 시간을 갖지 못할 것이다. 글을 쓰지 않고 흘려보내는 시간이 길어지면 길어질수록 글 쓰는 몸을 만들고 글 쓰는 마음을 갖는 것은 점점 더 어려워진다. 해는

졌지만 외출하기로 결심한다.

 작업하기 좋은 카페를 찾는 것도 쉽지 않다. 집중하기 위해서는 무엇보다 괜찮은 조명과 적당한 소음이 필요하다. 사람이 너무 많거나 없어도 작업에 몰두하기 힘들다. 사람이 많으면 주의가 분산되고, 사람이 없으면 내가 여기에 이렇게 오래 앉아 있어도 되나 하는 생각에 초조해진다. 사람, 조명, 소음의 삼박자가 맞아떨어지면 단골 카페가 되기도 하는데, 문제는 여기서 또 발생한다. 단골 카페가 되는 순간, 처음처럼 집중하기가 어려워지기 때문이다. 그사이 카페가 너무 편해져서다. 카페의 분위기, 커피 맛, 자주 들리는 음악, 창밖으로 보이는 풍경에 지나치게 익숙해진 탓이다. 몇 주 동안은 다른 데 있다 와야겠다는 생각을 하고 어김없이 또 길을 나선다. 나를 어색한 곳에 두기 위해, 낯선 환경에 노출시키기 위해. 편한 곳에서는 나도 모르게 안주하게 된다. 적당한 글을 쓰고 적당한 기쁨에 취해 집으로 돌아온다. 다음날, 내가 써낸 적당한 글을 읽으면 남부끄러워진다. 편한 것과 거리를 둬야겠다고 남몰래 다짐한다.

 비단 환경만 그런 것이 아니다. 사람도 마찬가지다. 치명적인 실수는 편한 사이에서 더 자주 발생한다. 편하다는 이유로 자행되는 무수한 폭력이 있다. 그것들은 보통 농담이나 장난이라는 이름으로 행해지지만, 어떤 말과 행동은 당한 사람의 가슴에 오래도록 남는다. 편한 사이는 보통 만들어지는 데 오랜 시간이 걸린다. 서먹서먹한 상태를 건너뛰기 위해 그만큼 공도 많이 들였을 것이다. 그러나 관계가 한번 편해지고 나면, 둘 사이를 끈끈하게 만들어준 추억이 반대로 상대의 발목을 잡는 데 사용되기도 한다. 편해지게 된 데에는 추억을 함께 관통한 경험이 중요했을 텐데, 그 추억을 악의적으로 들추는 것은 편한 관계를 외려 거북하게 만든다. 이 모든 게 상대를 잘 알기 때문에 이루어진다. 상대가 좋아하는 것과 잘하는 것도 알지만 상대가 싫어하는 것과 잘하지 못하는 것도 알기 때문이다. 우리는 누구나 잠재적인 가해자면서 피해자다. 적정 수준의 긴장, 거리, 예의를 갖춰놓지 않으면 편한 관계는 언제든 무너질 수 있다. 상대를 배려하기 위해 어느 정도는 편함을 포기해야 한다.

편함은 사고방식을 구태의연하게 만들기도 한다. 사람들이 자라온 환경과 성장하며 누적된 경험은 그 사람을 구성하는 데 가장 큰 영향을 끼친다. 어느 순간, 자신이 편하게 여기는 바대로 움직이고 자기도 모르게 그게 옳다고 철석같이 믿게 된다. 맨스플레인mansplain이라는 말이 퍼지기 시작했을 때, 남자들의 입에서 가장 많이 나온 말은 공교롭게도 이런 것이었다. "나는 안 그래. 모든 남자가 그러는 것도 아니고." 살아온 방식이 삶이 된 나머지, 일단 아니라고 손사래를 치고 또다시 상대를 가르치려 드는 것이다. 이처럼 너무 편하면 자기 자신을 되돌아보거나 들여다보지 못한다. 자기가 지금껏 보고 들은 게 전부인 줄 안다. 불편한 뉴스는 애써 멀리하고 자신에게 도움이 된다고 믿는 정보만 찾아 헤매게 된다. 그러면 그럴수록 자신이 몸담은 세계는 점점 좁아지고 사고는 경직될 수밖에 없다. 편함이 편협함과 무지를 낳게 되는 것이다.

올봄부터 '낯선 대학'이라는 곳에 다니기 시작했다. 예순 명이 조금 넘는 사람이 돌아가며 강의를 하는 곳이다. 나와 다른 삶을 사는 사람들이 거기에 있다. 공연을 하는 사람, 그것을 기획하는 사람, 노래를 하는 사람, 그림을 그리는 사람, 서비스에 대한 고민을 하는 사람 등 비슷한 일을 하는 사람도 있고 겹치는 구석이 하나도 없는 사람도 있다. 아직까지는 적당한 낯섦과 어색함, 거기에서 피어오르는 기분 좋은 긴장이 있다. 낯선 대학에 다녀올 때마다 앞으로도 마냥 편하지만은 않았으면 좋겠다는 생각을 한다.

'편하다'의 반대말에는 '불편하다'만 있는 게 아니다. '편하다'의 반대편에는 '새롭다'도 있다. 나를 들뜨게 할지도 모를, 나도 모르는 나를 발견하게 해줄지도 모를 가능성 말이다. 그래서 나는 오늘도 기꺼이 편함을 포기한다. 익숙함을 포기한 대신, 새로운 눈으로 여기를 바라볼 확률이 조금 더 높아졌다. 어딘가 편하지 않다는 것은 긴장한다는 것이고, 그 긴장은 나를 끊임없이 생각하고 의심하고 느끼게 만들기 때문이다. (6월 29일)

잘 살고 있니?

 한동안 연락이 끊긴 친구에게 문자가 왔다. "잘 살고 있니?" 이 말이 너무나 애절하고 먹먹해서 바로 답장을 하지 못했다. 한참 뒤에야 다소 장황하게 문자를 보냈다. 그제야 내가 바로 답장을 하지 못한 게 애절함과 먹먹함 때문만은 아니라는 생각이 들었다. 대화의 물꼬를 트는 데 지극히 예사로운 저 질문이 내게는 너무나도 무겁고 날카롭게 다가왔기 때문이다. 생각이 꼬리에 꼬리를 물기 시작했다. 나는 잘 살고 있는 것일까. 잘 산다는 게 과연 뭘까. 잘 사는 게 뭔지 정확히 알 수는 없었지만 내가 지금 잘 살고 있지 않다는 것은 확실했다. 친구에게 다시 문자를 보냈다. "잘 살고 싶다." 몹시 부끄러웠다.
 올해는 고등학교에 두 번 다녀왔다. 예술계 고등학교에 가면 으레 시 쓰는 것에 대해 이야기하곤 한다. 어떻게 하면 나만의 단어를 찾을 수 있는지, 나아가 나만의 시를 쓸 수 있는지 이런저런 말들을 쏟아내게 된다. 시인이 되고 싶은 아이들은 또랑또랑한 눈빛으로 나를 바라본다. 어쩌면 나는 그들에게 선망의 대상일지도 모른다. 그들은 내가 하는 말 한마디도 놓치지 않으려고 귀를 쫑긋 세운다. 실없는 농담까지도 진담으로 받아들일 정도로, 그들은 진지하고 절박하다. 강의가 끝나면 아이들은 박수를 치고 나는 온몸이 기진맥진해진다. 시 이야기를 하며 내 열성을 다 쏟았기 때문이다. 다행히도 아이들의 눈빛에는 아직 열정이 있었다. 희망이 있었다.

공교롭게도 올해 찾아간 고등학교는 둘 다 일반 고등학교였다. 두 시간 동안 시 쓰는 이야기를 하면 지루해할 것 같아 나는 시를 읽는 법에 대한 강연을 했다. 시를 읽으려면 세 가지의 '보는 일'이 필요하다고 했다. 되어보는 일, 들여다보는 일, 새겨보는 일이 바로 그것이다. 먼저, 되어보는 일을 통해 상대를 파악할 수 있다고 했다. 성별, 국적, 나이 등의 장벽이 허물어지는 순간에 대해서도 이야기했다. 들여다보는 일을 통해 '왜'에 한 발짝 다가설 수도 있다고 했다. 그 사람을 알고 싶다는 마음은 그 사람을 이해하는 데 가장 큰 동력으로 작용하니 말이다. 새겨보는 일을 통해 그 상황이 나에게 닥쳤을 때를 가늠할 수 있다고도 했다. 시와 내가 한몸이 된 것 같은 근사한 순간에 대해서도 말했다.

강연이 끝나자 한 아이가 물었다. "근데 시 써서 먹고살 수 있어요?" 나는 한동안 가만히 서 있었다. 어려운 질문이어서가 아니었다. 아이의 질문이 당돌해서도 아니었다. 먹고살 수 있다고 선선히 대답할 수 없어서였다. 이어지는 질문들도 내 진땀을 뺐다. "지금 다니는 회사에선 어떤 일을 하세요?" "왜 하필 그 일을 해야겠다고 결심했어요?" 아이들은 확실히 시보다는 삶에 관심이 있었다. 삶은 생활이라기보다는 생계나 생존에 가까운 듯이 보였다. 불투명한 미래 앞에서, 아무도 기꺼이 '보는 일'을 하려고 하지 않았다. 시와 가까워지기 위해 마련된 자리는 순식간에 진로 특강으로 변모했다. 구석에 있던 한 아이가 손을 번쩍 들었다. "시를 쓰는 이유가 뭐예요?" 나도 모르게 대답이 튀어나왔다. "잘살고 싶어서가 아니라, 잘 살고 싶어서요."

'잘살다'는 "부유하게 살다"라는 뜻이다. 경제적인 풍요로움이 잘사는 것을 결정하는 셈이다. 하지만 잘산다고 해서 무조건 잘 산다고 말할 수 있을까? 경제적인 윤택함이 그 사람의 영혼까지 살찌워줄까? 적어도 내게는 잘 사는 것이 잘사는 것과

거리가 있다. 물론 어느 정도는 잘살아야 잘 살 수 있는 가능성이 커질 것이다. 물질적 여유는 정신적 여유에 영향을 미칠 수밖에 없기 때문이다. 읽고 싶은 책도 선뜻 사지 못하고 커피 한 잔도 마음껏 마시지 못하면서 잘 산다고 단언할 수는 없기 때문이다. 하지만 잘살기 위해서 앞으로만 질주하는 삶에는 이런 소소한 여유가 비집고 들어갈 틈이 아예 없다. 생활의 모든 영역에는 값이 매겨지고 이것이 행위를 결정하는 유일한 요소로 작용한다.

잘사는 것이 물질에만 해당되는 것이라면, 잘 사는 것은 정신에 상당 부분 기대어 있다. 계절의 변화를 감지하고 미소를 짓는 것, 문득 떠오른 친구에게 안부를 묻는 것, 신문으로 접한 타인의 죽음을 애도하는 것, 자기 전에 하늘을 올려다보고 육안으로 보이는 별의 개수를 세어보는 것 등 잘 사는 것에는 삶의 결을 헤아리는, 하루하루의 의미를 찾으려는 능동적 태도가 수반된다. 또한 잘 사는 것은 주변에 마음을 쓸 것, 더 나은 사회를 위해 행해지는 피땀 어린 움직임들을 헤아릴 것, 어떤 경우에도 비겁해지지 않을 것 등 삶의 목표나 의지와 연결되기도 한다.

잘사는 사람이 잘 살지 못할 수도 있고, 조금 적게 가지고도 잘 살 수 있다. 서른다섯 명의 부고를 모은 최윤필의 책 『가만한 당신』(마음산책, 2016)을 펼치면 이런 문장이 가장 먼저 나온다. "나는 이 세상에 잘 살려고 왔지, 오래 살려고 온 게 아니야." 나도 그렇다. "잘 살고 있니?"라는 질문에 "응, 잘 살고 있어"라고 서슴없이 대답하는 삶, 나는 오늘도 이런 삶을 꿈꾼다. (7월 27일)

그냥과 대충

 오랜만에 고등학교 동창들을 만나 회포를 풀었다. 누가 먼저라고 할 것도 없이 이십여 년 전으로 거슬러올라가 옛날 기억들을 하나둘 끄집어냈다. 잊고 있었던 기억들을 나누다 박수를 치며 웃기도 했다. 오래된 일을 한 사람도 빼놓지 않고 기억한다는 사실에 함께 애틋해졌다. 하나의 사건에 대한 기억이 서로 조금씩 달라서 더 재미있었다. 그때와 그 시절이 있었기에 이 자리가 만들어질 수 있었을 것이다. 화수분처럼 에피소드는 끝이 없었다. 슬프게도, 우리는 과거를 향해 있을 때에만 행복했다. 이미 지나가버려 손쓸 수 없는 시간이 역설적으로 우리를 위로하고 있었다.

 "요새 하는 일은 잘되고 있어?" 맥주를 한 모금 들이켜고 한 친구가 입을 열었다. 직장을 다니다 최근에 큰맘 먹고 사진관을 연 친구에게 던진 질문이었다. "그냥 그렇지 뭐." 그 친구가 되물었다. "너는 좀 어때?" "그냥 그래." 둘 사이에 앉아 있던 친구가 잔을 높이 치들며 외쳤다. "다 그렇지 뭐. 그냥 술이나 마시자!" 우리는 힘차게 잔을 부딪었지만 고등학교 시절 얘기를 나눌 때의 그 화기애애한 분위기는 이미 깨진 뒤였다. 과거는 견뎌내서 아름다운 시간이었지만 현재는 우리가 관통해야 할 무시무시한 시간이었다.

기다렸다는 듯, 사방에서 무수한 '그냥'이 쏟아지기 시작했다. "그걸 그냥 줬단 말이야?" "주말에는 그냥 잠만 자고 싶다." "배고픈데 그냥 아무거나 시켜." "그냥 좀 놔둬." "그냥 한번 해보려고." "근데 왜 넌 결혼 안 하냐? 사는 거 별거 없어. 그냥 사는 거지." '그냥'의 홍수에서 벗어나고자 잠시 밖으로 나왔다. "왜 나와 있어?" 뒤늦게 도착한 친구가 먼발치에서 나를 보고 알은체하며 물었다. "그냥." 나도 모르게 '그냥'을 내뱉고 말았다. '그냥'이 싫어서 나왔는데, 갑작스러운 질문에 나도 모르게 '그냥'이라고 답해버린 것이다.

친구가 내 옆에 와서 섰다. "그냥이 어디 있어. 기분 상한 일이라도 있었어?" 그 말을 듣자 갑자기 웃음이 쏟아져나왔다. 온

몸에 힘이 빠졌다. "우리 모두가 '그냥'의 늪에 빠진 것 같아서." 나 또한 그냥을 입에 달고 사는 것 같다는 씁쓸한 말도 덧붙였다. '그냥'이라는 말은 대화를 이어나가는 쉬운 길일지도 모른다. 하지만 그 길을 지나올 때마다 늘 가슴에 무거운 돌이 하나씩 쌓이는 것 같았다. 언제부턴가 속내를 감추고 정말 좋아하는 것에 대해 함구하면서, 아파도 아프지 않은 척하면서, 불쾌해도 당장의 내 기분 탓이라고 돌리면서 '그냥'에 점점 더 가까워지고 말았다. 자기주장이 분명하고 취향이 뚜렷했던 우리는 이제 적당한 것, 크게 문제 되지 않을 것을 가늠하고 거기에 스스로를 맞추려 노력하고 있었다.

자리로 돌아가는 길에 내일 오전까지 짤막한 원고를 하나 써서 보내야 한다는 사실이 퍼뜩 떠올랐다. 달력을 확인하지 않고 '그냥' 나온 게 화근이었다. 양해를 구하고 자리에서 일어나려는 찰나, 친구 하나가 입을 열었다. "좀더 있다 가. 긴 원고 아니라며. 대충하면 되잖아. 우리 정말 오랜만이잖아." "그래, 대충 써. 어차피 지금 가도 늦었어." "대충해. 대충 써도 어차피 잘 쓸 거잖아." '그냥'의 홍수를 벗어나자 '대충'의 폭설이 내리기 시작했다. 삼십 분 정도 더 앉아 있다가 몰래 자리를 빠져나왔다. 마감할 원고가 있다는 생각 때문에 도저히 대화에 집중할 수 없었다. 짧은 원고라 할지라도 대충 쓸 수는 없었다.

　밖에 나오니 아주머니 한 분이 고래고래 소리를 지르고 있었다. 아무 이유 없이 소리를 지르지는 않을 것이다. 거기에는 '그냥'이 아닌 필시 어떤 사연이 있을 것이다. 편의점으로 새벽에 팔 물건들을 나르는 청년도 있었다. 액체가 든 용기가 혹시라도 엎어질지 몰라 조심스레 운반하고 있었다. 결코 '대충'이 아니었다. '그냥'으로 나를 감추고 '대충'으로 남의 눈을 속이던 요즘의 나 자신이 떠올라 몹시 부끄러웠다. 취향과 감정은 하루아침에 그냥 만들어진 것이 아니다. 좋은 문장은 절대로 대충 쓰이지 않는다. 하는 일이 아무리 익숙해져도 결코 그냥 하지는 말아야겠다고, 결코 대충하지는 말아야겠다고 다짐했다.

　파블로 네루다의 대서사시 『모두의 노래』(문학과지성사, 2016)에는 다음과 같은 구절이 나온다. "질서와 침묵에 익숙해진 이들,/돌이 그러하듯." 질서에 익숙해져 아무 생각 없이 '대충'을 받아들이고 차마 침묵할 수 없어 '그냥'을 불러들이면 우리는 언젠가 '돌'의 상태가 될지도 모른다. 그 어떤 자극에도 반응하지 못하고 정작 해야 할 말이 있을 때 몸이 굳어 아무 말도 하지 못하는 돌 말이다. 집에 돌아오는 길에는 한 걸음 한 걸음 힘주어 걸었다. 그냥 살 수는 없으니까, 대충 사랑할 수는 없으니까. 나는 오늘부터 저 단어들과 애써 멀어지려고 한다. 돌이 되지 않기 위해 계속해서 힘써 구를 것이다. 어쩌면 이는 일상적으로는 순간의 의미를, 궁극적으로는 생의 이유를 찾아주는 일이기도 할 것이다. (8월 24일)

다음이 있다는
믿음

 직장을 그만둔 지 일주일이 지났다. 그사이에 만난 사람들은 더없이 부러워하면서도 마지막에 이 질문을 던지는 걸 잊지 않았다. "그래서 다음엔 뭐 할 건데?" 그때마다 나는 웃으며 이렇게 말했다. "지금껏 했던 일과는 전혀 다른 일을 해보려고요. 일단 올해는 좀 쉬고요." 당차게 대답을 하면 질문이 더이상 이어지지 않았다. "뭐 어떻게든 되겠죠"라고 시니컬하게 대응하거나 "설마 굶어 죽기야 하겠어요?"라며 너스레를 떨고 싶지는 않았다. 나라고 왜 다음이 걱정되지 않겠는가, 아니, 당사자인 나야말로 '다음'에 대해 가장 걱정하고 있는 사람이 아닐까?

 사람들은 늘 타인의 다음을 궁금해한다. 그러나 그것이 지나칠 땐 폭력이 된다. 어떤 사람은 나를 붙잡고 한참 동안을 애기했다. 왜 좋은 직장을 때려치웠느냐, 요즘 취업하기가 하늘에 별 따기인 걸 모르느냐, 글 쓰는 일만으로 생계를 꾸려나갈 수 있겠느냐, 전혀 다른 일을 해보기엔 조금 늦은 나이가 아니겠느냐, 나한테만 말해봐라 어디 믿는 구석이 있을 것 아니냐…… 지나친 관심은 오지랖을 넘어 오해를 낳는다. 급기야 "결혼할 사람이 부자인가봐?"라는 질문을 받았을 땐 웃음이 터지고 말았다. "제가 결혼을 해요? 누구랑 한대요? 그 사람이 부자래요?"

사생활이 왜 사생활이겠는가. 내가 굳이 알리고 싶지 않은 부분이 사생활의 중심에 자리잡고 있을 것이다. 나의 다음은 아직 결정되지 않았고, 이때까지 하던 일과는 다른 일을 할 수 있을 거라고 지금은 스스로 자기최면을 걸고 있는 중이다. 경력의 단절보다 무서운 것은 다음에 대해 꿈꿀 기회를 박탈당하는 것이다. 나는 주위를 찬찬히 둘러보며 내게 새로운 자극을 줄 일을 찾아보고 싶다. 뭐든 '일'이 되면 짐이겠지만, 그리고 그 짐은 필경 나를 무겁게 만들겠지만, 나조차 몰랐던 나를 발견할 수 있다면 나는 기꺼이 그 일에 뛰어들고 싶다. 무엇보다 지금 당장은 좀 쉬고 싶다. 이제 고작 일주일이 지났을 뿐이다.

"아버지를 생각해봐. 평생을 한 직장에서 일하셨잖아." 또다른 사람은 내게 이런 이야기를 했다. 아버지처럼 살기 싫다는 게 아니다. 아버지에게 아버지의 삶이 있듯 내게는 내 삶이 있을 뿐이다. 평생을 한 직장에서 일하는 것의 숭고함에 대해서도, 한 가정을 꾸린 후 생계를 위해 모험을 포기하는 것의 거룩함에 대해서도 인정한다. 단지 나는 아직 혼자여서 심신이 상대적으로 가벼울 때 딴생각을 해보고 싶은 것이다. 무모하게 비칠 수도 있겠지만, 한 시기가 끝나야 비로소 다음이 온다고 믿는 것이다. 안 가본 길에 발을 들이고 싶은 것이다. "네가 뭘 하든 나는 네 편이다." 정작 아버지는 소식을 듣고 전폭적인 믿음과 응원을 보내주셨다. 기쁜 마음으로 나의 다음을 기다려주시겠다고 했다.

문득 어렸을 때 많이 듣던 질문이 떠오른다. "이다음에 커서 뭐가 되고 싶어?" 그때마다 나는 가슴이 설렜다. 탐정이 되고 싶었다가 탁구 선수가 되고 싶었다가 과학자가 되고 싶었다. 어느 날엔 화가가 되는 상상을, 또 어느 날엔 작가가 되는 상상을 했다. 막연했지만 먼 훗날의 일이어서 가능할 수 있었던 대답이었다. 감히 품을 수 있는 꿈이었다. 아무도 나의 다음에 딴죽을 거는 사람이 없었다. 개중 어떤 꿈은 실제로 이루어졌다. '다음'이 '지금'이 된 것들을 떠올리면 슬며시 웃음이 나온다. 다음이 있었기에 더없이 행복한 시절이었다.

  생각해보니 살면서 다음을 생각할 수 있는 시간은 별로 없다. 십대에는 공부를 하느라, 이십대에는 스펙을 쌓느라, 삼십대에는 취업을 하고 경력을 쌓느라, 사십대에는 가족을 부양하느라 머릿속으로 다음을 그려보지 못한다. 꿈꾸는 여유가 있을 턱이 없다. 하나의 탑을 쌓는 데 주력하느라 탑 사이사이에 틈을 내고 다른 탑은 어떻게 지어지고 있는지 관찰할 마음을 갖기 힘들다. 지금을 채우기 바빠 선뜻 다음을 가늠할 엄두를 내지 못한다. '이다음에 커서'라는 희망적인 말은 하루하루를 버티고 견디느라 점점 희미해지고 만다. 자신이 놓쳐버린 '다음'에 대한 미련 때문일까, 기성세대는 질문하기를 멈추지 않는다. "그래서 다음엔 뭐 할 건데?"

  비스와바 쉼보르스카의 시 「두 번은 없다」(『끝과 시작』, 최성은 옮김, 문학과지성사, 2016)는 다음과 같이 시작한다. "두 번은 없다. 지금도 그렇고/앞으로도 그럴 것이다. 그러므로 우리는/아무런 연습 없이 태어나서/아무런 훈련 없이 죽는다." 아무런 연습도, 아무런 훈련도, 아무런 준비도 되어 있지 않지만 나는 다음이 두렵지 않다. 두렵지만, 그 두려움보다 더 큰 것은 다음이 있다는 믿음이다. 지금까지 쌓아온 지식과 살아온 경험을 나는 믿는다. 두 번은 없다. 그러나 다음이 있다. 다음은 있다. 그리고 분명, 다음에만 할 수 있는 것들, 다음이라 비로소 가능한 일들이 있을 것이다. (10월 19일)

'만함'은 언제든 더 커질 수 있다

어릴 때 문제집을 풀고 있으면 어른들이 다가와 이렇게 물었다. "잘되어가냐?" 그때마다 나는 웃으면서 "네" 대답했지만, 마음에 찔리는 것은 어쩔 수가 없었다. 잘 안 되고 있는 경우가 더 많았기 때문이다. 하지만 호탕하게 그렇게 말할 수는 없었다. 잘되고 있지 않으면 걱정과 간섭이 주렁주렁 달릴 게 빤했기 때문이다. 외할머니만은 예외였다. 떡이나 빵, 과일을 건네주시며 외할머니는 나직나직이 말씀하셨다. "할 만해?" 저 말이 몹시 따뜻하게 느껴졌다. 하기 힘든데도, 힘에 부치는데도 갑자기 할 만해지는 것 같았다. 풀어야 할 문제가 아니라 문제를 푸는 나 자신이 중심에 있는 것 같았다. 오늘, 길을 걷다가 스스로에게 물었다. "할 만해?" 선뜻 답하기 힘들었다.

'만하다'라는 보조형용사에 대해 생각한다. '만하다'는 어떤 대상이 앞말이 뜻하는 행동을 할 타당한 이유를 가질 정도로 가치가 있음을 나타내는 말이다. 다름 아닌 발화자의 평가가 들어간다는 얘기다. 가령, 식당에서 나올 때 '먹을 만했다'라고 말하는 것은 음식을 먹은 이의 만족감이 드러난 것이다. 이는 한 번이라면 먹을 만하다는 말도 되고 기회가 되면 앞으로도 먹을 것이라는 의지가 반영된 말이 될 수도 있다. 발화자의 말투, 억양, 성격 등이 '만함'이 미치는 범위를 결정한다. 믿을 만한 소식, 주목할 만한 작품 같은 표현도 신뢰와 지지를 표명한다는 점에서, 발화자 중심의 말이라고 할 수 있을 것이다.

또한 '만하다'는 앞말이 뜻하는 행동을 하는 것이 가능함을 나타낼 때 사용되기도 한다. 외할머니가 내게 건넸던 "할 만해?"라는 질문도 여기에 해당된다. 이때의 '만하다'는 개인의 주관적 평가보다는 어떤 일을 해낼 수 있는 힘을 가리키는 경우가 많다. 나이가 들면서 이 두번째 '만하다'에 더 많이 의지하게 되었다. 오랜 친구들을 만났을 때 가장 많이 주고받는 말만 해도 그렇다. "살 만해?" "버틸 만해?" 가까운 누군가가 마음을 담아 "할 만해?"라고 말을 건넸을 때 자기도 모르게 힘을 얻는 것처럼, 이때의 '만함'은 언제든 더 커질 수 있다. 매일매일 우리가 마주하는 숱한 싸움은 일련의 '만함'을 통해 가까스로 이어지기도 한다. 덕분에 스스로와 타자와 사회와, 그리고 사회에 만연한 편견과의 싸움은 계속될 수 있다.

시국이 어수선한데다가 문단 내 성폭력 사건까지 연일 터지면서 글을 쓸 의욕이 송두리째 사라져버렸다. 꼭두각시 정권을 목도하며 어안이 벙벙했다. 정권에서 숨겨왔던 온갖 비리들이 앞다투어 까발려지는 것은 '눈뜨고 볼 만한' 성격의 일이 아니었다. 비리는 꼬리에 꼬리를 물며 몸집이 점점 비대해졌다. 문단 내 성폭력은 결코 '참을 수 있을 만한' 것이, '눈감고 넘어갈 만한' 것이 아니었다는 점에서 더욱 충격적이었다. 그동안 내가 '몰라도 되는 권리'를 누려온 것이라고 생각하니 몹시 부끄러웠다. 사람이 저질렀다고는 믿기 힘든 일들이 도처에 널려 있었다. 혼자서는 미약한 목소리가 연대를 통해 힘을 얻고 '해 볼 만한' 싸움이 된 것은 두고두고 기억에 '남을 만한' 일이다. 문학에 다음이 있다면, 다음의 문학이 있다면 아마도 이들이 그것을 이끌 것이다.

"쓸 만해?" 퇴근하고 돌아온 형이 컴퓨터 앞에서 멍한 표정을 짓고 있는 나를 보며 물었다. 한동안 아무 말도 하지 못했다. 저 말이 중의적으로 들렸기 때문이다. 자본주의사회에서 저 말은 '능력 있고 부리기 좋은'이란 뜻을 갖는다. '쓸 만한 인간'이 인적 자원이라는 말을 낳았을 거라고 생각하니 문득 씁쓸해졌다. 쓸 만하지 않아서 나는 괴로웠고, 동시에 쓸 만하지 않아서 나는 안도의 한숨을 내쉬었다. 아무리 애써도 글이 써지지 않는 것은 괴롭지만, 이럴 때 글이 술술 쓰였다면 종래에는 스스로가 원망스러웠을 것이다. 누군가에 의해 '쓸 만한 인간'이라 인정받는 것보다 '살 만한 인생'을 사는 것이 훨씬 더 중요하다.

지난 주말에 광화문에 갔다. 촛불을 켜고 목소리를 높이며 우리는 점점 밝아지고 커졌다. '싸울 만한' 가치가 있는 일이었다. 아마도 광장에 모인 많은 사람이 '해볼 만하다'는 생각을 했을 것이다. '내일을 기대해도 좋을 만한' 광경이었다. 힘을 합치면 세력이 되듯이 '만하다'가 자꾸 모이면 충만해진다는 것을 깨달았다. 졸시 「아찔」(『유에서 유』, 문학과지성사, 2016)에서 나는 이렇게 썼다. "불가능에 물을 끼얹어. 가능해질 거야." 철옹성에 금이 가는 것을 보는 일은 경이롭다. 철옹성이 하루아침에 무너지지는 않을지라도, 우리는 불가능하다고 생각했던 일에 자꾸 물을 끼얹어야 한다. 사회에 만연한 차별, 위계에 의한 폭력과 부정부패 등 온갖 병폐를 없애는 데 미약하게나마 힘을

보태야 한다. 그렇게 해야 '살 만한' 세상이 온다. 겨우, 하지만 마침내 온다. (11월 16일)

자괴감은 '앞으로'를
내다보는 마음이다

연말이 되면 으레 한 해를 돌아보게 된다. 어떻게든 살아낸 스스로에게 작은 선물이라도 하나 해주고 싶어진다. 내년에도 상황이 더 나아질 거라는 보장은 없지만, 지금보다 더 나빠질 리는 없을 거라는 생각에 두 주먹을 불끈 쥐어보기도 한다. '당신이 놓쳤을지도 모르는 것들'이나 '올해가 가기 전에 꼭 해봐야 하는 것들'과 같은 리스트가 안도감을 주기도 하고 불안감에 휩싸이게 만들기도 한다. 나는 남들과 비슷한 속도로 삶을 살아가고 있는가, 뒤처지지 않기 위해서는 어떻게 해야 하는가 고민하다 밤잠을 이루지 못하는 사람들도 있을 것이다.

얼마 전, 길을 지나다 초등학생 둘을 만났다. 시험을 치르고 나오는 모양이었다. 책가방이 유독 무거워 보이는 아이가 입을 열었다. "시험 망쳤어. 이러려고 공부했나 자괴감 들어." 옆에 있는 아이가 맞장구쳤다. "나도 자괴감 들어! 밤새서 공부했는데, 공부한 데서 하나도 안 나왔어." 자괴감에 사로잡힌 아이들이 내 옆을 스쳐지나갔다. 자괴감을 느껴야 할 대상은 정작 아무렇지 않은데 자괴감과 멀리 떨어져 있어야 할 아이들의 입에서 앞다투어 자괴감이라는 단어가 쏟아져나왔다.

자괴감은 올해 하반기에 사람들의 입에 가장 많이 오르내린 단어일 것이다. "이러려고 대통령 하려고 했나 자괴감 들고 괴로워"라는 담화문 속 대통령의 말은 국민들의 분노를 사기 충분했다. "이러려고 주식 투자 했나 자괴감 들고 괴로워" "이러려고 직장인 했나 피로감 들고 괴로워"처럼 자기 자신과 관련된 토로부터 "이러려고 대한민국 국민 했나 자괴감 들고 괴로워" "이러려고 세금 냈나 자괴감 들고 괴로워"처럼 정부를 향한 따끔한 일침까지 곳곳에서 패러디가 이루어졌다. 패러디의 끝에는 해학이 남아야 하는데 이상하게 뒤끝은 늘 씁쓸했다.

자괴감은 "스스로 부끄러워하는 마음"을 뜻한다. 대통령은 이 단어를 원뜻과는 전혀 다른 의미로 사용한 것 같다. 하긴 담화는 본디 서로 이야기를 주고받는 상황을 상정하는 것인데, 대통령은 일체의 질의응답을 허용하지 않은 채 자기 말만 하고 들어가버리지 않았는가. 나는 대통령이 담화문을 읽을 때 자괴감이라는 단어를 '부끄러움'이 아닌 '분노'를 가리키기 위해 사용했다는 생각이 들었다. 대통령은 분명 화가 나 있었다. 자기 자신이 크게 잘못한 것도 없는데 여기저기서 칼끝을 겨눈다고 생각하는 것 같았다. 이 때문에 정작 자괴감을 느낀 것은 국민들이었다.

인간이 자괴감을 품을 수 있다는 사실이 인간을 비로소 인간답게 만들어준다. 스스로 부끄러워하는 마음 없이 어찌 진심 어린 사과를 할 수 있겠는가, 자괴감을 건너지 않고 어떻게 자부심에 가닿을 수 있겠는가. 부끄러움은 다음을 기약하게 해주는 마음이다. 부끄러움이 있어야 반성을 할 수 있다. 조금 더 떳떳하고 나은 사람이 되기 위해 노력할 수 있다. 그러므로 자괴감은 '앞으로'를 내다보는 마음이다. 대통령의 자괴감은 앞이 아닌 뒤를 향해 있었다. 그래서 대통령은 억울하고 화가 난 것이다. 부끄러움이 없는 사람은 양심이 없는 사람 아니면 양심에 거리낄 게 없는 사람이다. 나는 대통령의 자괴감을 인정하지 못하겠다.

국민들의 자괴감이 나날이 커지고 있다. 혼란스러운 정국 때문에 사람들은 언젠가부터 주말을 반납하고 광장에 모이기 시작했다. 자책감을 느끼고 배신감을 참을 수 없어 일상이 무너진 사람들도 보인다. 무너지고 난 후에야 일상이 얼마나 소중한지, 힘든 상황일수록 그것을 지키는 게 얼마나 어려운지 절절히 깨닫게 된다. 자괴감이 심화되면 심한 자책이나 자포자기의 상태에 이르게 될지도 모른다. 스스로를 포기하고 돌아보지 않는 상태 말이다. 하지만 국민들은 촛불을 들고 광장에 다시 모였다. 역설적으로, 이 또한 우리가 자괴감을 가지고 있는 존재이기 때문에 가능한 일이다. 다시는 이런 일이 벌어지지 않도록, 다음 세대가 이런 어처구니없는 상황에 직면하지 않도록, 우리는 촛불을 더 높이 들었다.

국회에서 대통령 탄핵안이 가결되던 날, 우리는 입을 모아 외쳤다. 촛불이 이겼다고, 어둠은 빛을 이길 수 없다고, 침묵은 진실을 덮을 수 없다고. 이기는 경험을 했다는 것, 다음을 기약해도 된다는 자신감을 얻을 수 있다는 것은 실로 대단한 성과다. 희망이 아직 남아 있음을 온몸으로 깨닫는 일이기 때문이다. 한 나라가 이렇게 돌아가고 있었다는 자괴감이, 내가 바로 이 나라의 국민이라는 자괴감이 만들어낸 기적과도 같은 순간이다. 자괴감 이후에 찾아오는 것은 성찰의 시간이다. 우리는 광장에서 작년과는 다른 우리의 존재감을 이미 재확인했다. 국민들은 자괴감을 직면하고 그것을 극복하기 위해 노력했다. 자괴감이라는 말 뒤에 숨어 있는 대통령과 얼마나 다른 품격인가. (12월 14일)

2017

할말과
해서는 안 될 말

"할말 있으면 해봐." 길에서 누군가가 훈계하는 목소리가 들렸다. 나이가 지긋해 보이는 어르신이 젊은이들을 모아놓고 일장 연설을 하고 있었다. 젊은이들은 잔뜩 풀죽은 채 함구하고 있었다. 모종의 권력이나 권위가 작용하고 있음에 틀림없었다. 누군가가 힘을 내 입을 열었다. "아시다시피 그땐 그렇게밖에 할 수 없었어요." 그 말이 끝나자마자 기다렸다는 듯 어르신의 입에서 날카로운 말이 튀어나왔다. "아시다시피? 그게 할말이야? 너희가 아직 어려서 그래." 젊은이들의 입이 더욱 굳게 닫혔다.

다시 가던 길을 재촉하는데 문득 이상한 생각이 들었다. 할말만 하라는 것도 우습지만, 할말인지 아닌지 판단하는 주체가 발화자 당사자가 아니라는 사실은 기가 막혔다. 젊은이들의 생각은 입 밖으로 새어나올 여지가 아예 없었던 것이다. 권위주의적 발언에 선뜻 입을 열어 또박또박 제 말을 할 수 있는 사람은 별로 없다. 그 발언을 한 사람이 자신의 인생에 지대한 영향력을 행사할 수 있는 사람이라면 더더욱 그럴 것이다. "할말 있으면 해봐"라는 말은 어쩌면 '해서는 안 될 말'이었을 것이다.

지난주 촛불 집회 현장에서 저 말을 다시 들었다. 손에 태극기를 든 어른들이 손에 촛불을 든 젊은이들을 향해 소리치고 있었다. "우리가 이렇게까지 사는 게 다 누구 때문인데. 뭘 몰라도 한참 몰라서 그래. 어릴 땐 학교 가서 공부를 해야지. 이래서 이 나라에 내일이 있겠어? 어디 할말 있으면 해봐." 촛불은 이미 꺼졌다며 더이상 국론을 분열시키지 말라는 외침도 들려왔다. 젊은이들은 가만있지 않았다. 입을 모아 외쳤다. "촛불은 꺼지지 않았습니다. 광장은 시민의 것입니다." 매운바람이 온몸을 휘감았지만, 촛불은 활활 타올랐다. 단 한순간도 꺼지지 않았다. 말들이 뒤섞여 현장은 내내 뜨거웠다. 할말과 해서는 안 될 말이 있었다.

할말을 제때 한 사람은 속 시원하게 '사이다 발언'을 한 사람으로 추앙받지만, 해서는 안 될 말을 하지 않는 사람은 그저 가만히 있는 사람으로 인식된다. 하지만 할말을 제때 잘하는 것만큼이나 해서는 안 될 말을 하지 않는 것 또한 중요하다. 해서는 안 될 말을 들은 사람은 상처를 받고 의지를 잃어버릴 수도 있다. 일할 의지, 공부할 의지, 무엇보다 내일로 향할 의지. 김빠진 사이다처럼 삶의 동력을 상실해버릴지도 모를 일이다.

"할말은 하는 신문"을 슬로건으로 내세운 신문이 있었다. 그 신문에서 했던 말들이 과연 할말이었는가? 오히려 해서는 안 될 말에 가깝지 않았는가? SNS상에서 '아무 말 대잔치'라는 이름으로 올라오는 글들은 그저 아무 말에 불과한가? 정말 하고 싶지만 할 수 없었던 말의 다른 표정이 아니었을까? 이처럼 해서는 안 될 말이 권위를 등에 업고 응당 해야 할 말처럼 떠돌아다니기도 하고, 반대로 할말을 하지 못하게 막는 분위기는 아무 말이라도 발설할 수밖에 없는 상황을 낳기도 한다.

다큐 PD 김현우가 쓴 『건너오다』(문학동네, 2016)에는 다음과 같은 대목이 있다. "어떤 이에겐 너무나 일상적이고 평범한 단어가 다른 이에겐 차마 입에 올리지 못할 정도로 아픈 단어일 수도 있다. '바늘' '손가락' '불' '바람', 이런 평범한 단어들에 세상의 사람 수만큼 많은 의미가 있을지도 모른다." 어떤 이에게 '바늘'은 칼날처럼 치명적일 수 있고 또다른 어떤 이에게 '바람'은 인생을 송두리째 날려버린 무시무시한 단어일 수 있다. 장례식장에서 '축하'라는 단어를 입 밖에 꺼내지 않는 것도, 중요한 시험을 앞둔 이에게 잘해야 한다고 압박하지 않는 것도 우리가 사람이기 때문이다. 사람이 사람에게 하는 말이기 때문이다.

아직 어려서 잘 모른다는 단정적인 말에 젊은이들의 입은 닫힐 수밖에 없다. 내일을 이야기하며 지금껏 '살아온' 날들을 앞세울 때, 그 말 안에 젊은이들이 앞으로 '살아갈' 날은 없다. 어떤 '할말'은 남에게 결코 해서는 안 되는 말일 수도 있다. 그때의 할말은 고작 자기 자신이 하고 싶은, 스스로의 만족을 위한 공허한 말일 뿐이다. 할말과 해서는 안 될 말 사이에 말을 하는 자와 그 말을 듣는 자가 둘 다 있다는 사실을 잊으면 안 된다. 해서는 안 될 말은 삼키고 할말을 입 밖으로 꺼낼 때, 비로소 말은 힘을 얻는다. (2월 14일)

슬프면서 좋은 거

권여선의 단편 「손톱」(『아직 멀었다는 말』, 문학동네, 2020)에는 소희라는 이름의 주인공이 등장한다. 소희 곁에 있어야 할 대상들은 다 떠나버리고 소희는 빚만 떠안은 채 성인이 된다. 스물한 살의 소희가 갚기엔 만만치 않은 액수다. 그녀는 이십만 원으로 한 달을 살고 있고 출퇴근 시간을 급여로 환산해 머릿속으로 계산해볼 만큼 꼼꼼하다. 아니, 절박하다. 친구도 못 만나는 삶, 선불리 친구도 못 만드는 삶이다. 방세가 오르거나 병원에 가는 일이 없다면, 착실하게 돈을 모아 스물여덟에는 빚을 다 갚을 수 있다. 그게 소희의 유일한 희망이다. 성실함만으로는 결코 이룰 수 없는, 한없이 불투명한 희망.

소희는 자신이 처한 현실을 돌아보고 자신이 처하게 될 미래를 내다보다 건물 쇼윈도 앞에서 소리를 지르고 만다. "내가 어쨌다고? 내가 뭘, 뭘, 뭘? 뭘? 뭘?" 그녀에게 삶은 단 한 번도 개척해나가는 것이나 누리는 것이 아니었다. 그것은 늘 '처하는 것'이었다. 어떤 처지에 놓이게 되는 것, 자신이 원하든 원하지 않았든 간에 받아들일 수밖에 없는 상태. 이쯤 되면 소희는 헬조선을 살고 있는, 아니 헬조선에 처해 있는 젊은이들을 대변하는 인물처럼 느껴진다. "슬프면서 좋은 거, 그런 게 왜 있는지 소희는 모른다." 우리 중 대부분은 모르는 채로 내일을 맞이할 것이다. 각박한 현실 앞에 놓인 '왜'라는 질문은 너무 커다래서 보이지 않는다.

머릿속이 복잡하고 마음이 무거울 때 이 소설을 읽어서인지 나는 펑펑 울고 말았다. 소설이 섣불리 희망을 말하지 않아서, 행복할 거라는 암시조차 주지 않아서, 그런데 그게 더없이 적확한 현실이라서 터져나오는 눈물을 참기 힘들었다. 잘될 거라는 확언이나 나아지리라는 보장은, 그 말을 듣는 당사자에게는 멀리 있는 말, 아득한 말이다. 마치 '미래未來'라는 단어가 '아직 오지 않았다'라는 뜻인 것처럼. 나의 눈물은 위안의 눈물이라기보다 공감의 눈물에 더 가까웠다.

공감은 자기 자신도 그렇다고 느끼는 기분이다. 자기 자신도 그런 상황에 처한 적이 있었다는 데서 오는 마음의 끄덕임이다. 공감에 시공간의 제약이 있을 리 없다. TV로 딱한 처지에 놓인 사람들을 보며 전화기를 집어드는 것도, 대형 참사 앞에서 함께 눈물 흘리는 것도 우리가 공감하는 존재이기에 가능한 행동이다. 문학작품을 많이 읽으면 공감 능력이 커진다. 생면부지의 누군가에게 나도 모르게 손을 내밀기도 하고 때로는 그가 내 손을 잡아주는 것 같은 느낌에 사로잡히기도 한다. 공감은 불러일으키는 것에서 가는 것, 마침내 도달하는 것이 된다. 나를 이해하기 위해서는 먼저 남을 이해해야 한다는 생각에 다다르게 된다.

정신없이 바쁠 때일수록 나는 더 갈급이 나서 문학을 찾았던 것 같다. 내가 바랐던 게 위안인지 격려였는지 확신할 수 없지만, 나는 늘 문학작품 속에서 나를 발견하고 안도했다. 그것을 단순히 요새 유행하는 '힐링'이라는 말로 설명할 수는 없을 것이다. 세상은 넓고 사람은 많고, 나는 그저 세상에 있는 단 한 사람에 불과하다는 사실을 재확인하며 경건해졌다. 세상에 누구도 같은 사람은 없고 우리는 모두 각자의 삶을 산다. 그의 삶과 나의 삶에서 공통된 감각을 찾고 결이 유사한 순간을 발견하면 누구든 흔들릴 수밖에 없다. 그 흔들림을 외면하지 않는 사람이 공감하는 사람이 될 확률이 높다.

  문학작품은, 아니 좋은 문학작품은 무턱대고 '힘내'라거나 '잘 될 거야'라고 말하지 않는다. 그것은 지금-여기의 질서를 거스르는 것이기 때문이다. 슬프면서 좋은 거, 그런 게 왜 있는지 소희는 모르지만, '슬프면서 좋은 거' 때문에 우리는 역설적으로 내일을 생각할 수 있다. 나 같은 사람이 또 있다는 사실, 나처럼 생각하고 느끼는 존재가 있다는 사실, 어딘가에서 누군가가 함께 앓고 있다는 사실만으로도 가슴은 절로 뜨거워진다. 그것은 뻔한 위로나 날카로운 조언보다 힘이 된다. 공감이 위안에 가닿는 놀라운 순간이다.

  손톱은 손가락을 보호하지만, 손 전체를 보호해주지는 못한다. 인간이 손을 내밀고 맞잡는 존재인 이유도 거기에 있을 것이다. 문학작품 속에는 당신의 손을 기다리는 무수한 손이 있다. 슬프면서 좋은 거, 그게 바로 문학이다. (4월 11일)

개저씨들은 스스로가
개저씨인 것을 모른다

저녁을 해결하러 패스트푸드 음식점에 들어갔다. 햄버거를 먹으며 귀에 리시버를 꽂고 음악을 들으려는 찰나, 옆 테이블에서 생경한 단어가 들려왔다. "걔는 진짜 낄끼빠빠 못하지 않냐?" 순간, 귀가 번쩍 뜨였다. 낄끼빠빠? 내가 제대로 들은 게 맞다면 난생처음 듣는 단어였다. '끼리끼리'도 아니었고 '뛰뛰빵빵'도 아니었다. 어느 순간부터 나도 모르게 옆 테이블에 신경을 곤두세우고 있었다. 메모장에 "낄끼빠빠?"라고 적어두는 것도 잊지 않았다. 그 테이블에서는 '헬조선'처럼 친숙한 단어부터 '번달번줌'이나 '어덕행덕'처럼 아무리 머리를 굴려도 도통 뜻을 짐작할 수조차 없는 신조어들이 쏟아져나왔다. 신조어가 온라인상에서만 쓰일 거라 생각했는데 그것을 육성으로 들으니 묘한 기분이었다.

집에 돌아와 낄끼빠빠와 번달번줌, 그리고 어덕행덕이 무슨 뜻인지 찾아보았다. 낄끼빠빠는 '낄 때 끼고 빠질 때 빠져라'의 줄임말이었다. 자신의 사생활을 보장받고 싶어하는 동시에 과도한 개입을 '나대는 것'으로 바라보는 현세대의 특징이 고스란히 반영되어 있는 단어인 셈이다. 번달번줌은 '번호 달라고 하면 번호 줌?'이라는 뜻이었다. 마음에 드는 상대에게 무턱대고 다가가지는 못하지만 그렇다고 해서 말도 걸어보지 않으면 후회할 것 같은 복잡한 심경이 저 신조어에 담겨 있었다. '적극적인 소심함' 같은 형용모순 말이다. 어덕행덕은 '어차피 덕질할 거, 행복하게 덕질하자'라는 뜻이었다. 덕질은 자신이 좋아하는 분야에 심취하는 것을 일컫는 신조어다. 어덕행덕은 신조어가 또다른 신조어로 변용될 수 있음을 보여주는 셈이다. 덕질에 대한 시선이 '외골수'에서 '개인의 분명한 기호나 취향'으로 이동하고 있음을 알 수 있었다.

내친김에 온라인상에서 '신조어 능력 평가'라는 것을 해보았다. 총 스무 개의 신조어가 제시되었는데 내가 아는 거라곤 고작 여섯 개뿐이었다. 개중 어떤 것은 아무리 머리를 굴려도 짐작조차 할 수 없었다. 뜻풀이를 보고 절로 고개가 끄덕여지는 것도 있었지만 고개를 갸웃하게 만드는 것도 여러 개였다. 별걸 다 줄여 쓴다는 생각이 들기도 했지만 한편으로는 나 자신이 기성세대와 조금 더 가까워진 것 같아 마음이 그리 좋지만은 않았다. 대개 신조어들은 신문이나 뉴스에 등장하지 않는다. 그것들은 주로 학교나 학원에서, 카페나 길거리에서 사용된다. 주변에 귀를 기울이고 살지 않으면 도통 알 수 없는 말들, 나와 다른 이들을 이해하려고 애쓰지 않으면 감히 예상할 수 없는 말들이 거기에 있었다. 나는 노트를 펴고 그 말들을 하나하나 적어내려가기 시작했다.

단어들을 적다가 이를 단순히 새롭게 나타났다가 곧 사라질 말이나 은어로 취급해서는 안 될 것 같다는 생각이 들었다. 신조어의 대부분은 줄임말이다. 이를 언어의 간편한 유통 차원으로 축소 해석해서는 안 된다. 신조어를 즐겨 쓰는 사람들은 그것을 모르는 사람들, 그러니까 기성세대와의 분리를 꿈꾸는 것이다. 개저씨들은 스스로가 개저씨인 것을 모른다. 높은 청년 실업률로 희망도 의욕도 없이 무기력해진 청년들을 빗댄 '달관세대'라는 말을 기성세대는 앞날 걱정은 하지 않고 흥청망청하는 세대라는 말로 해석할지도 모를 일이다. 새로 생겨난 말들은 확실히 사회상의 변화를 반영하기 때문에, 신조어를 처음 들었을 때는 재미있어서 낄낄거리고 재치 있어서 무릎을 탁 치게 되지만 곰곰 생각해보면 뜨끔하다. 왜 이런 조어가 생겨났는지 들여다보는 것이 신조어의 뜻을 아는 것보다 중요한 이유다.

신조어를 정리하는 내내 유독 가슴팍을 두드리는 것도 금턴, 재포자, 청년실신 같은 단어들이었다. '금(金)처럼 소중한 인턴'을 뜻하는 '금턴'이라는 신조어는 정규직 전환 여부를 떠나 일자리를 얻는 것 자체가 얼마나 어려운지를 드러내준다. '직장을 그만둔 뒤 재취업을 포기한 채 살아가는 사람'을 가리키는 '재포자'와 '졸업 후 실업자 또는 신용불량자가 된다'는 뜻의 '청년실신'은 희망을 잃어버린 세대가 지르는 비명 같았다. '복잡한 세상, 편하게 살자'를 줄여서 만든 '복세편살'이라는 단어는 자조적으로 들리기까지 했다. 신조어는 새로 만든 말이라는 뜻이다. 새 정부의 청년 일자리 정책이 새로운 직업을 많이 만들어냈으면 하는 바람이다. (7월 4일)

나의 다음은
국어사전 속에 있다

 매해 첫날, 나는 습관적으로 국어사전을 읽는다. 아무 페이지나 펼쳐 오늘의 단어를 찾는 일을 몇 해째 반복하고 있다. 오늘의 단어라고 칭하긴 했지만, 아무래도 새해 첫날에 찾는 단어다보니 그 단어를 통해 나도 모르게 한 해의 운을 점치게 된다. 가장 먼저 세 권으로 구성된 표준국어대사전 중 한 권을 고른다. 초성의 범위를 결정하는 일이기 때문에 대충 진행할 수는 없다. 기역에서 미음까지, 비읍에서 이응까지, 지읒에서 히읗까지 나올 단어를 미리 예측하는 절차이기도 하다. 가령 기역에서 미음까지를 다루는 상권에서 '사랑'이나 '초록' 같은 단어가 나올 리 만무하기 때문이다.

 재작년에는 조심스럽게 상권을 골랐다. 펼친 페이지에서는

'곰비임비'라는 단어가 나왔다. 곰비임비는 "물건이 거듭 쌓이거나 일이 계속 일어남을 나타내는 말"이다. 아무렴, 그해는 정말이지 정신없이 바빴다. 작년에 얻은 단어는 '미늘'이었다. 미늘은 "낚시 끝의 안쪽에 있는, 거스러미처럼 되어 고기가 물면 빠지지 않게 만든 작은 갈고리"란 뜻이다. 낚시를 해본 적이 없으니 생소한 단어였다. 작은 갈고리로 단어라도 많이 낚았어야 하는데 예년만큼 부지런하지 못했다. 올해 펼친 페이지에서 건진 단어는 '도르리'다. 첫번째 뜻은 "여러 사람이 음식을 차례로 돌려가며 내어 함께 먹음. 또는 그런 일"이다. 두번째 뜻은 "똑같이 나누어주거나 골고루 돌라 줌. 또는 그런 일"이다. 둘 다 좋은 뜻이다. 저 말처럼 올해는 더 열심히 나눠야겠다고 다짐했다.

어렸을 적부터 나는 국어사전을 좋아했다. 집에 혼자 있을 때 가장 좋은 친구는 바로 국어사전이었다. 틈만 나면 나는 국어사전을 펼쳐 양 페이지에서 마음에 드는 단어를 찾았다. 그 단어에 형광펜으로 밑줄을 긋는 순간이 그렇게 좋을 수가 없었다. 마음에 드는 단어가 나오지 않으면 국어사전을 접었다가 다른 페이지를 펼쳤다. 아버지가 젊을 적에 구입하신 국어사전은 두껍고 무거워서 초등학생이 자유자재로 다루기엔 어려움이 있었다. 그래도 나는 두껍고 무거운 국어사전이 마냥 좋았다. 두껍고 무겁다는 것은 내가 앞으로도 찾아 나설 단어들이 많이 남아 있다는 것을 의미하기도 했기 때문이다.

국어사전 속에서 마음에 드는 단어를 찾은 날이면 다음날이 기다려졌다. 국어사전에서 찾은 단어를 실생활에서 사용하는 것이 내 다음 미션이었기 때문이었다. 배운 단어를 입 밖에 내봐야 진짜 내 단어가 되는 것 같은 느낌이 들었다. '아지랑이'라는 단어를 발견한 다음날이었다. 저 단어를 어떻게든 꼭 쓰고 싶어서 그야말로 안달이 났다. 쉬는 시간이었다. 나는 창밖을 가리키며 선생님께 말했다. "아지랑이가 피어오른 거 같아요, 선생님." 선생님은 환히 웃으시면서 이렇게 말씀하셨다. "은아, 저건 아지랑이가 아니라 연기란다. 어디선가 장작을 때는 모양이다." 내 볼은 금세 붉어졌지만, 그래도 아지랑이를 소리 내어 말한 것 때문에 기분이 많이 상하지는 않았다. 초등학교 시절, 통신표에 적힌 무수한 문장들 중 내가 가장 좋아하는 문장도 다름 아닌 이것이다. "주위가 산만하나 어휘력이 풍부하다."

2012년 12월, 첫 직장에서 첫 월급을 받고 내가 가장 먼저 구입한 것도 표준국어대사전이었다. 나를 위한 선물로 국어사전만큼 좋은 게 없을 것 같았다. 실제로 시를 쓸 때도 나는 단어 하나에서 출발하는 편이다. 사전 속에서 발견한 단어, 길을 걷다 간판이나 전단지에서 마주한 단어, 대화하다 무심코 튀어나온 단어가 내 시의 출발점이 된다. 그 단어가 문장을 이루고, 그 문장이 다음 단어를 불러들이면서 시가 서서히 골격을 갖추어간다. 문장들이 켜켜이 쌓여 겹이 생기기도 하는데, 그때 기분은 이루 말할 수 없이 좋다. 백지는 평면이고 문장은 추상이지만, 그것이 두 개 이상 만나 어떤 부피를 획득하는 것 같은 느낌이 드는 것이다. 무엇보다 글을 쓸 때 나도 모르게, 나도 모르는 단어가 튀어나오는 순간이 가장 설렌다.

국어사전의 가장 좋은 점은 펼칠 때마다 겸손해진다는 것이다. 나는 사전 앞에선 고작 한 단어일 뿐이다. 글 쓸 때마다 느끼는 감정도 이와 비슷하다. 나는 백지 앞에서는 늘 속수무책이다. 설레면서도 긴장된다. 기쁘면서도 당황스럽다. 백지는 무엇이든 쓸 수 있을 거라는 가능성과 아무것도 쓸 수 없을 거라는 불가능성이 모두 담겨 있는 공간이다. 이 공간에 발을 들인 후 손을 움직일 때마다 온몸이 움찔움찔한다. 그래서인지 한 편의 글을 완성하면 온몸이 기진맥진해지곤 한다. 가만히 앉아 글을 쓰기만 했는데도, 에너지라는 말로는 설명할 수 없는 무언가가 내 몸속에서 빠져나갔다.

요즘도 틈이 날 때마다 나는 국어사전을 펼쳐 든다. 어른이 된 뒤로 어릴 때만큼 두껍고 무겁게 느껴지지는 않지만, 이 안에 분명 내 다음 시를 불러일으킬 단어가 있을 것이다. 글쓰기든 인생이든, 나의 다음은 국어사전 속에 있다. (7월 19일)

어때요,
숨구멍이 좀 트이죠?

팔 년 전, 교통사고를 당해 일 년 남짓한 기간 동안 입원해 있었다. 오른팔의 팔꿈치 관절을 심하게 다쳐 재활 치료도 오랫동안 받았다. 일상생활을 하는 데 큰 문제는 없지만, 가끔 내가 팔을 다쳤다는 사실을 의식적으로 깨달을 때가 있다. 이를테면 탁구를 치거나 택시에서 내리며 거스름돈을 받을 때. 팔을 다 뻗어도 직선이 되지 않아 탁구공이 라켓의 중심에 맞지 않는 일이 잦다. 손목 관절 또한 잘 돌아가지 않아 동전들이 바닥에 쏟아지기 일쑤다. 그때마다 형언할 수 없는 상실감이 엄습한다. 내 마음이 내 몸을 받아들이는 데까지 꽤 오랜 시간이 걸렸다. 팔 년 전의 나와 지금의 나 사이에 커다란 구멍 하나가 있음을 깨닫는다. 그 구멍에 몸을 던져도 과거의 건강한 나로 돌아갈 수는 없다.

얼마 전, 도수치료를 받을 기회가 있었다. 올해 들어 무리를 했는지 몸에서 이상 신호를 보내고 있었다. 목과 어깨가 늘 뻣뻣했고 여러 차례 수술을 받은 오른팔이 종종 아팠다. 숙면을 취하고 일어나도 몸이 천근만근이었다. 신체 리듬이 무너진 것 같다는 생각이 들었다. 나는 지푸라기라도 잡는 심정으로 의료용 침대 위에 누웠다. 선생님이 양손으로 내 온몸을 가다듬기 시작했다. 그것을 단순히 만진다거나 주무른다고 표현할 수는 없었다. 그것은 오히려 흐트러진 몸과 마음을 바로잡는 몸짓이었다. 도수徒手는 맨손이라는 뜻이다. 나는 선생님의 맨손에 의지한 채 한동안 가만있었다. 손의 움직임이 빨라지기 시작했다.

"아!" 치료를 받다가 나도 모르게 비명을 질렀다. 선생님이 내 오른쪽 어깨에 손을 올렸을 때였다. 일상생활을 하는 데 지장이 없다고 했지만, 나는 늘 오른쪽 팔다리 및 어깨에 잔뜩 힘을 주고 다닌 모양이었다. "오른쪽이 완전히 경직되어 있어요. 벽돌처럼 단단하네요." 평소의 나라면 "근육이라 그래요"라고 실없는 농담을 던졌을 테지만, 당시에는 압도적인 아픔 때문에 아무 말도 할 수가 없었다. 사색이 된 내 얼굴을 보고 선생님이 말씀하셨다. "숨을 쉬어요. 숨에 집중해요." 순간, 예전에 재활 치료를 받을 때 선생님이 하시던 말씀이 떠올랐다. "호흡에 집중해요. 한결 나을 거예요." 팔 년 전의 나를 떠올리며 숨을 깊게 들이마시고 천천히 내쉬었다. 방금 전까지만 하더라도 참을 수 없던 아픔이 참을 만하다가 부러 참지 않아도 되는 상태에까지 다다랐다.

"어때요, 숨구멍이 좀 트이죠?" 선생님이 한층 편안해진 내 얼굴을 보며 말씀하셨다. 그제야 웃음이 나왔다. 도수치료를 받은 다음날, 몸살을 앓았다. 기분 좋은 몸살이었다. 흐트러진 몸의 리듬이 원래의 상태로 돌아가는 것 같은 느낌이 들었다. 그날 이후로 나는 종종 호흡에 대해 생각한다. 우리는 늘 숨을 쉬지만 숨쉬는 데 집중하는 시간은 얼마 되지 않는다. 살기 위해서 호흡하지만, 나도 모르게 하는 일이기 때문에 그것이 얼마나 중요한지는 잊고 사는 셈이다. 그래서인지 호흡이 절실한 때는, 호흡이 빛을 발하는 때는 어떤 고비를 맞이했을 때다. 고통을 참고 견디는 데 호흡법이 중요한 이유도 여기에 있다. 마음이 요동할 때 왜 심호흡을 하는지, 호흡하는 데 집중을 하면 왜 잡념이 사라지는지 떠올려보면 알 수 있다. 호흡에도 길이와 부피, 그리고 깊이가 있다.

졸시 「미완」(『유에서 유』, 문학과지성사, 2016)에서 나는 이런 문장을 썼었다. "몸이 무너지면 마음이 무너지지 (……) 마음이 무너지면 덩달아 몸도 무너지지". 몸과 마음이 긴밀하게 연결되어 있다는 것을 누구보다 잘 알면서도, 그동안 나는 내 몸에 너무 무심했었다. 애면글면하다보니 자연스럽게 숨가쁜 날들이 이어졌다. 숨을 쉬면서도 한 번도 숨을 쉴 때 집중한 적이 없었다. 호흡은 들숨과 날숨으로 구성되는 것인데, 내 호흡에는 들숨만 있었다. 들이쉬는 데 열중한 나머지, 내쉬는 일에는 소홀했었다. 숨구멍이 트일 겨를이 없었다. 한숨만 늘었다.

한숨에는 두 가지 뜻이 있다. 우리가 흔히 쓰는 것은 두번째 뜻으로, "근심이나 설움이 있을 때, 또는 긴장하였다가 안도할 때 길게 몰아서 내쉬는 숨"을 뜻한다. 첫번째 뜻은 "숨을 한 번 쉴 동안"이란 뜻이다. 한숨을 소중히 여겨야 역설적으로 한숨을 내쉬는 일이 줄어들 수 있을 것이다. 숨구멍이 더 많이, 더 자주 트일 것이다. (8월 1일)

나를 살리는,
'죽이는 글쓰기'

이달부터 '죽이는 글쓰기' 프로젝트를 진행하고 있다. 참여자가 일주일에 세 차례 글을 올리면 해당 글에 댓글로 조언하는 방식이다. 프로젝트를 위해 마련된 비공개 카페를 틈나는 대로 방문해서 글을 읽는 게 어느덧 일과의 중요한 부분이 되었다. 세 편의 글을 한 번에 몰아서 올리는 분들도 있고 하나의 이야기를 연재 형식으로 나눠서 게시하는 분들도 있다. 어쨌든 참여자들 모두 틈나는 대로 글을 쓰고 있다. 일과의 한 부분이 오롯이 '쓰는' 시간으로 채워진다는 것이다. 지금도 누군가가 어디선가 글을 쓰고 있다고 생각하면, 그리고 그 글을 다름 아닌 내가 가장 먼저 보게 된다고 생각하면 가슴이 뛴다.

참여자들이 올리는 글의 형식 또한 다양하다. 보통은 에세이

형태를 띤 글들이 많지만, 르포 형식의 글도 간간이 눈에 띄고 팩션faction 느낌이 물씬 나는 글도 있다. 내가 시인이라 그런지 시를 올려주시는 분들도 있다. 글쓰기 코치로 프로젝트를 시작했지만, 코칭을 하면서 발견하는 것은 참여자가 올린 글의 부족한 부분이 아니라 내가 미처 잡아채지 못한 일상의 반짝임이었다. 각자의 경험과 생각을 자기만의 화법으로 전달하려는 간절한 몸짓이었다. 그 몸짓 하나하나에 마음을 담아 화답하는 게 내가 해야 하는 일이다. 글을 읽으며 일상의 반짝임은 기쁨에서만 찾아오는 것이 아니라 예기치 않은 슬픔이나 상실감에서 비롯하기도 한다는 사실을 깨닫는다.

그들은 모두 나 자신의 이야기를 하고 있었다. 밖에서는 공공연하게 떠들지 못했지만 나에게는 너무나 중요한 이야기, 누군가에게는 지나치는 풍경에 불과할지라도 내 가슴에 다가와 단박에 얼어붙어버린 순간에 대한 이야기, 어떻게든 지우고 싶지만 발설하지 않으면 끝끝내 해소되지 않을 것 같은 이야기, 나를 향한 이야기, 나로부터 발아해서 나에게 가까스로 도달하는 이야기. 그 이야기들을 읽으며 나는 살면서 한 번도 마주치지 않은 사람에 대해, 그 사람의 삶에 대해 상상하게 되었다. 각자의 삶이 나아가는 방향에 대해 왈가왈부할 수는 없을 것 같아 댓글을 썼다 지웠다 반복한다. 어떤 글은 첨삭이 불가능하다고 느껴졌다. 내가 누군가의 삶에 함부로 무언가를 보태거나 뺄 수는 없다.

"글을 잘 쓰려면 어떻게 해야 해요?"라는 질문을 종종 받는다. 그때마다 내가 말하는 것이 바로 꾸준함이다. 꾸준함은 성실함과 직결되는 것으로, 다른 어떤 기술보다 더 체득하기 힘든 재능이다. 보통 재능이라고 말하면 타고난 능력을 생각하지만, 기실 재능은 타고난 능력과 훈련에 의하여 획득된 능력을 아울러 일컫는 말이다. 꾸준히 어떤 일을 하려면 해당 일을 하고 싶은 마음과 그 일을 실제로 수행하는 추진력이 결합되어야만 한다. 일주일에 세 편의 글을 쓰는 것은 얼핏 대수롭지 않은 것처럼 보이지만, 일주일에 세 번 운동을 하거나 산을 오르는 것만큼이나 힘든 일이다. 게다가 글쓰기 능력이 향상되는 것은 근육이 붙거나 지구력이 생기는 것과는 달리 눈에 보이지 않는다. 몸으로 느끼기 어렵다.

영어 선생님이 영어를 잘하는 이유는 매일 일정 정도의 시간을 영어를 공부하고 가르치는 데 사용하기 때문이다. 글쓰기도 마찬가지다. 시간을 내서 정기적으로 쓰면 나도 모르는 사이, 글쓰기 능력이 향상된다. 기술적인 부분뿐만이 아니다. 백지를 마주하는 데서 오는 공포는 줄어들고 어떤 것을 나만의 방식으로 말하고자 하는 용기는 커진다. 한 문장이 다음 문장을 불러들이는 근사한 순간을 마주하는 것은 덤이다.

현실과 동떨어져 생동감을 잃은 글을 죽은 글이라고 일컫는다. 아이러니하게도 죽은 글에서는 '죽이는' 느낌을 받을 수 없다. '죽이다' 혹은 '죽여주다'라는 말은 "몹시 만족스럽거나 흡족하게 하다"라는 뜻이다. 죽이는 글쓰기는 해당 글을 읽는 사람에게 만족감을 선사한다. 하지만 더욱 흡족한 것은 쓰는 사람이다. 쓰는 일은 나를 알게 해주기 때문이다. 내가 어떤 단어를 많이 쓰는지, 내가 중요하게 여기는 것은 무엇인지, 궁극적으로 나를 쓰게 만드는 동력은 어디에서 오는지 파악할 수 있기 때문이다. 오늘도 글을 읽으며 죽이는 글쓰기가 역설적으로 나를 살리는 경험이 될 수도 있다고 생각했다. 글이 가장 빛나는 것도 그때일 것이다. (8월 29일)

어떤 사람은
'사람'이 되었다가
마침내 '한 사람'이 된다

사람 A가 사람 B에게 묻는다. "C라는 사람 알아?" "응, 알아." 사람 A가 재차 묻는다. "잘 알아?" 사람 B가 대답을 주저한다. 그 모습을 보고 사람 A는 사람 B가 사람 C를 잘 안다고 확신한다. 사람 B는 고민하기 시작한다. 그는 사람 C를 안다고 말하는 데 아무 거리낌이 없다. 사람 C에게 물어봐도 사람 B를 안다고 대답할 것이다. 하지만 사람 C를 잘 안다고 말하기는 왠지 어렵고 불편하다. '잘'이라는 부사가 가져다주는 무게 때문에 사람 B는 머뭇거릴 수밖에 없었다. 사람 C와 알고 지낸 지 오 년이 훌쩍 넘었지만, 단순히 긴 시간 동안 교류했다고 해서 그 사람을 잘 안다고 말할 수는 없을 것이다. 문득 '잘'이라는 단어는 간편하면서도, 그만큼 쉽게 써서는 안 되는 말처럼 느꺼졌다. 안다고 말할 때는 부담 없을지 몰라도, 잘 안다고 표현할 때는 모종의 책임감이 생겨난다.

  사람 B는 잠자리에 누웠지만 좀처럼 잠들지 못한다. 어떤 사람을 안다는 것은 무엇일까. 얼굴과 이름을 아는 사이? 연락처를 주고받은 사이? 때때로 간단한 안부를 물을 수 있는 사이? 오랜만에 만나도 서슴없이 악수할 수 있는 사이? 그렇다면 어떤 사람을 잘 안다는 것은 또 무엇일까. 허심탄회하게 고민을 털어놓을 수 있는 사이? 투정을 부려도 되는 사이? 장점은 기꺼이 칭찬해주고 결점도 어느 정도는 받아들일 수 있는 사이? 사람 B의 눈앞에 두 사람이 걸어가는 장면이 펼쳐진다. 두 사람은 한 발 한 발 앞으로 걸어가고 있다. 한참을 바라보고 있으니 두 사람이 하나의 점으로 겹쳐 보이기 시작한다. 눈을 감았다 떴더니 하나의 점이 다시 두 개가 되어 있다. 잘 안다고 생각했지만, 실은 서로에 대해 제대로 몰랐던 사람 둘이 각자의 길을 걸어가고 있다.

  며칠이 지나고 사람 A와 사람 B는 다시 만났다. 이번에 먼저 입을 연 건 사람 B였다. 사람 B는 사람 A에게 사람 C에 대해 잘 안다고 말할 수는 없다고 했다. 누군가를 잘 안다고 말하는 데는 확신이 필요하고 잘 안다는 것에 대한, 그리고 잘 안다고 말한 데 대한 책임감도 생기는 것 같다고 덧붙였다. 담담한 목소리였지만, 그 안에서 단단한 힘이 느껴졌다. 사람 A는 놀랐다. 그가 아는 사람 B는 어떤 자리에서나 적응을 잘하는 사람이었다. 사교성이 좋고 인기도 많았다. 사람 B가 다른 사람들에게 다가가 격의 없이 얘기하는 모습을 무수히 목격하기도 했다. 자신이 이때껏 알아온 사람 B는 그런 사람이었다. 사람 B가 누군가에 대해 얘기할 때 조심스러워한다는 사실을 사람 A는 처음 알았다. 사람 A는 혼잣말했다. "사람은 역시 어려워."

사람 A는 문득 하재연의 시「한 사람」(『우주적인 안녕』, 문학과지성사, 2019)을 떠올렸다. 이 시는 다음과 같이 시작한다. "나는 길게 누워 있는 섬 위의 저녁 구름에/서린 분홍 같은 것이었다가//조금씩 시간이 흘러 이렇게/한 사람이 되었습니다" 사람 A의 혼잣말은 계속되었다. "우리는 처음에 모두 길게 누워 있는 섬이었을 것이다. 가만 바라보니 섬 위의 저녁 구름이었을지도 모른다. 가까이 다가가 살펴보니 구름에 서린 분홍 같은 것이었다." 모르는 사이일 때, 사람은 사람에게 그저 '어떤 사람'이다. 어떤 사람과 만났다고 해서 그 사람을 절로 알게 되는 것은 아니다. 신뢰가 쌓이는 데는 시간이 필요하고 서로를 이해하겠다는 마음 없이 유대감은 형성되지 않는다. 이해의 과정에 오해가 끼어들지도 모른다. 그렇게 어떤 사람은 '사람'이 되었다가 마침내 '한 사람'이 된다. 한 사람이 되면, 다른 누구도 그 사람을 대신할 수 없다.

  사람 A는 휴대전화를 열고 주소록 버튼을 누른다. 연락처들이 쏟아져나온다. 살면서 이들과 어떤 식으로든 스쳤을 것이다. 스치기만 한 것이 아니라 번호를 주고받기 위해 어색하게 말도 몇 마디 주고받았을 것이다. 사람 A는 앞으로 '사람'을, 나아가 '한 사람'들을 주변에 많이 만들겠다고 다짐한다. 군중이 고독한 이유는 수많은 사람으로 구성되어 있어서다. 잠시 한곳에 모였지만 곧 뿔뿔이 흩어질 거란 사실을 알기 때문이다. 그들은 서로를 알 기회도, 잘 알 기회도 얻지 못한다. 군중에서 고립되지 않기 위해, 아니 군중 속에서 끝끝내 한 사람만은 지키기 위해, 사람 A는 사람 B에게 전화를 건다. 그렇게 자발적으로 간절한 '한 사람'이 된다. (9월 26일)

아무튼,
책이다

 1박 2일 동안 잠적을 하겠다고 선언했다. 쥐도 새로 모르게 하는 게 잠적일 텐데, 같이 일하는 사람들에게 아무 말도 하지 않고 사라질 수는 없었다. 원체 잔걱정이 많고 벌여놓은 일들이 한창 진행중이어서 몰래 자리를 비우기 찜찜했다. "잠적은, 한다고 말하고 실행하는 게 아니지"라는 말을 듣고 나서야 긴장이 풀리고 웃음이 터졌다. '아무튼' 결과적으로 친절한 잠적을 감행하게 된 셈이다.

 언젠가부터 꼭 가봐야겠다고 생각한 소읍에 도착하는 데까지 반나절이 걸렸다. 숲길도 걷고 벤치에 가만히 앉아 있기도 했다. 뜨끈뜨끈한 온천수에 몸을 씻고 나니 활기를 되찾은 기분이 들기도 했다. '이제 뭐 하지?'라는 생각도 잠시, 나는 어느새 책을 읽고 있었다. 아무 생각도, 아무 일도, 그야말로 아무것도 하지 않고 온전히 쉬기만 하겠다고 마음먹었지만, 책을 펼치고 나서야 그제야 제대로 쉬는 것 같았다. 나는 문득 김중일의 시 「아무튼 씨 미안해요」(『아무튼 씨 미안해요』, 창비, 2012)를 떠올렸다.

이 시에는 외팔이 엽사가 등장한다. 엽총을 잃었지만 엽사는 자신이 엽사라는 사실은 잊지 않는다. "외팔이 엽사는 건조하게 웃는다 웃음은 초원의 모래바람과 함께 금세 흩어진다 아무튼 웃는다 아무튼 말한다" 사전적으로 '아무튼'은 "의견이나 일의 성질, 형편, 상태 따위가 어떻게 되어 있든"이란 뜻이다. '아무튼'이라는 단어를 힘주어 발음해본다. 그것이 곧 사라질 것임을 알면서도 자기도 모르게 하는 일 앞에 '아무튼'이라는 부사를 붙인다는 생각이 들었다.

'아무튼' 다음에 쉼표가 따라오면 어떤 의지가 느껴진다. 그래도 하겠다는 진득한 마음을 전달할 수도 있고, 쉼표와 더불어 한숨을 돌린 뒤 속내를 털어놓을 수도 있다. '아무튼'을 말하고 잠시 뜸을 들일 때 상대의 입술을 유심히 살피게 되는 것도 그 때문일 것이다. 상대방이 하게 될 선택이 입안에서 맴돌고 있으니 말이다. 아무리 힘들어도 우리는 오늘을 살고 내일을 생각한다. 그래서 '아무리'에서 '아무튼'으로 가는 여정에는 누구보다 나 자신이 중요하다.

얼마 전 1인 출판사를 운영하는 세 명의 출판인이 의기투합하여 '아무튼 시리즈'라는 이름으로 책을 발간한다는 소식을 접했다. 그들의 불안과 걱정을 날려버린 건 다름 아닌 이 말이었다고 한다. "그래. 아무튼 해보지, 뭐!" '아무튼'이라는 말에 담긴 배짱을 엿볼 수 있었다. 시리즈의 포문을 연 다섯 권의 책들을 마주하고 입이 떡 벌어졌다. 『아무튼, 피트니스』(류은숙, 코난북스), 『아무튼, 서재』(김윤관, 제철소), 『아무튼, 게스트하우스』(장성민, 위고), 『아무튼, 쇼핑』(조성민, 위고), 그리고 『아무튼, 망원동』(김민섭, 제철소). 아무튼 안에는 취미, 공간, 그리움, 무엇보다 그들 자신의 삶이 온전히 담겨 있었다. 삶을 지탱해주는 동시에 삶에서 지탱해나가야 할 것들 말이다.

지난주에 나도 사람들과 프로젝트를 하나 시작했다. 매달 주제를 하나 선정해서 그에 어울리는 책들을 추천하는 프로젝트다. 첫번째 주제는 '읽기와 쓰기'였는데, 프로젝트에 참여하는 누구와도 추천하는 책이 겹치지 않아 신기했다. 그동안 틈나는 대로 읽어왔던 좋은 책들을 소개하고 싶어서 시작했지만, 추천하는 과정에서도 '아무튼'이 개입했다. '아무튼'은 실행에 앞선 기우나 노파심을 잠재우는 힘이 있었다. 아무튼, 좋은 책이니까. 아무튼, 함께 읽고 싶은 책이니까. 아무튼, 책의 힘을 믿으니까.

잠적하고 돌아와서 내가 가장 먼저 한 일은 잠적했을 때 읽었던 책들을 책꽂이에 다시 꽂는 일이었다. 그다음에 한 일은 다음에 읽을 책을 고르는 일이었다. 엽사가 팔을 잃고 엽총을 잃어도 눈의 총기는 잃지 않듯이, 사냥을 해야 한다는 사실만큼은 끝끝내 잊지 않듯이. 다음에 읽을 책을 안고 집을 나서는데 발걸음이 가벼웠다. 1박 2일 동안 가졌던 혼자만의 시간 덕분인지, 다음에 읽을 무수한 '아무튼' 덕분인지 알 수 없었다.

아무튼, 책이다. 아무튼, 이게 나다. 우리는 모두 아무튼씨다. 쉼표와 함께 심호흡을 하고 다음을 향해 뚜벅뚜벅 걸어가는 아무튼씨다. 아무쪼록에서 시작된 간절함은 아무리라는 담장을 넘고 아무튼이라는 탄력을 받아 아무렴에 이를 수 있게 된다. 우리는 비로소 '아무'가 아니게 된다. 아무튼을 발견하는 순간, 아무튼 다음에 쉼표를 찍는 순간. (10월 24일)

당신은 오늘
어떤 단어를 사용했나요?

 이달 초에 여행을 다녀왔다. 충남 곳곳을 방문하는 당일치기 여행이었다. 내가 맡을 역할은 해설자라고 했다. 부여에 있는 신동엽문학관에서 신동엽 시인 관련 특강을 해주면 된단다. 제안을 받고 어리둥절했다. "저는 여행을 별로 좋아하지 않는데요?" 연락을 해온 사람은 아마 난감했을 것이다. 이런저런 얘기를 나누고 난 후에야 나는 버스에 탑승하겠다고 대답했다. 좋아하는 것만 하고 살 수는 없다는 생각이 문득 들었기 때문이다. 좋아하지 않는 이유를 재확인하기 위해서라도 더더욱 이번 여행을 포기할 수 없었다.

 나는 여행을 두려워한다. 여행을 떠올리면 자기도 모르게 설레는 사람도 있을 것이다. 답답한 일상의 반대편에 여행을 위치시키는 사람도 있고 휴식이라는 단어와 일맥상통하는 것으로 받아들이는 사람도 있다. 여행에서 마주할 수 있는 낯선 풍경에서 생동감을 느끼는 사람도 많다. 바로 그 낯섦 때문에, 나는 여태껏 여행을 멀리해왔었다. 남들이 여행의 묘미로 파악하는 그것이 내게는 '예기치 않은, 당혹스러운 상황'으로 다가왔기 때문이다. 그리고 그런 상황에 맞닥뜨리면 기다렸다는 듯 머릿속이 새하얘졌다. 당일치기 여행, 국내 여행, 가이드가 동행하는 단체 여행 등 위험을 최소화할 수 있는 여러 요소가 있어 실로 다행이었다.

공주역에서 난생처음 만난 사람들이 아트버스에 올랐다. 첫 번째 코스는 무령왕릉이었다. 가이드의 상세한 설명 덕에 어릴 적 배웠던 내용들이 새록새록 되살아났다. 문제는 자유 시간이었다. 무심코 오솔길을 따라 내려갔다가 일행에서 벗어난 나 자신을 발견하고 공포심에 사로잡혔다. 예기치 않은 일이 어김없이 벌어진 것이다. 몇 번의 통화 끝에 아트버스에 다시 오를 수 있었다. "시인이라 갑자기 시 쓰러 가신 줄 알았어요." 운전 기사님의 말에 얼굴이 화끈거렸다. "저는 동네에서도 길을 잃어요." 내 말에 버스에 있던 사람들이 일제히 웃음을 터뜨렸다. 그제야 내 마음에도 여유가 생겼다. 나는 한배를 탄 사람들을 하나하나 관찰하기 시작했다.

내 뒤에 나란히 앉은 분들은 네 자매였다. 첫째와 막내가 함께 앉고 둘째와 셋째가 함께 앉았다. "막내랑 나랑 열두 살 차이예요. 띠는 같지요." "언니는 자기가 업어 키웠다고 하는데, 그때 기억이 날 리가 있나요? 갓난것이 뭘 알겠어요." "애들 다 키우고 나니 자매 생각이 나더라고요. 한평생 고생했으니 시간 내서 좋은 것 보러 다니고 싶었지요." "우리는 계절마다 꼭 한번씩 이렇게 나들이해요. 신산한 삶에 활력도 되잖아요." '신산하다'라는 단어를 오랜만에 접해서 그런지 눈이 번쩍 뜨였다. "우리 셋째가 왕년에 글깨나 썼어요. 그때는 끼니 때우기도 힘들어 지원해줄 생각을 못했지."

미륵사지에 도착하니 해가 뉘엿뉘엿 지고 있었다. "하늘 좀 봐, 그새 발갛게 익었네." 미륵사지석탑이 국보 제11호라는 설명을 들으며 버스에서 내렸다. "저기 돌기둥 좀 봐. 옛날에는 끌 것도 마땅히 없었을 텐데 어찌 저 무거운 것을 옮겼을까?" "석탑을 복원중이라니까 저기 한번 들어가보자." 네 자매가 빚어내는 활기는 나의 호기심을 자극하기에 충분했다. 여행할 때마다 쭈뼛거리기 바빠 중요한 장면을 번번이 놓쳤을지도 모른다고 생각하니 아찔했다. 보려고 애쓰는 사람에게만 보이는 것들이 있다. 지금껏 나는 나를 오해하고 있었을지도 모른다.

여행의 장점을 얘기할 때 빠지지 않는 게 있다. 바로 견문見聞을 넓힐 수 있다는 것. 견문을 넓힌다는 것은 지식을 쌓는 것과는 다른 차원의 일이다. 그때 그 순간이 아니면 볼 수 없는 것, 바로 그 현장이 아니면 들을 수 없는 것이 존재한다. 그것은 현장에 적극적으로 가담한 사람들에게만 열리는 것이다. 입을 연 사람에게 풍경이 하나의 추억이 되듯 말이다.

뭔가에 홀린 듯 마이크를 잡았다. "오늘 깨달은 게 있어요. 여행을 하니 평소에 안 쓰던 단어를 쓰게 되더라고요." "신산하다?" "네, 그것도 오랜만에 건져올린 단어예요. 석탑, 연못, 발갛다…… 하나같이 잊고 지내던 것들이에요. 단어의 뜻을 아는 것과 그것을 사용하는 것은 전혀 다른 일이잖아요. 돌아가는 길에 오늘 어떤 단어를 사용했는지 생각해보세요." "시인 양반, 여행 끝자락에 설레기 시작하네!" 그 말을 들으니 언제가 될지 모를 다음 여행이 기다려졌다. (11월 21일)

2018

처음의 마음

새해가 밝았다. 2016년에도, 2017년에도 새해는 찾아왔었다. 어떻게 보냈는지 까마득하지만, 해가 바뀌었다고 해서 새해가 곧바로 헌 해가 되지는 않는다. 날짜를 기재하는 칸에 작년을 적어넣고 뒤늦게 아차 하는 경우도 빈번히 생긴다. 그러다 올해가 익숙해지기 시작하면 작년은 마침내 지난해가 된다. 지났다는 것은 시간이 흘러 해당 시기에서 벗어났음을 뜻한다. 어제를 거쳐 오늘을 맞이하고 겨울을 어렵사리 넘어 봄이 오듯 말이다. 지났다고 해서 변했다고 지레 단정할 수는 없다. 시간의 흐름이 반드시 변화를 동반하는 것은 아니다.

시간이 지나도 여전히 남아 있는 것들이 있다. 그것들은 보통 나한테 소중한 존재인 경우가 많다. 보통 그 대상은 가족이

나 친구처럼 사람이지만, 반려동물이나 반려식물처럼 동식물인 경우도 늘어나고 있다. 오래전 주고받았던 편지나 선물처럼 사물의 형태를 띨 수도 있다. 새해가 되면 그들에게 안부를 묻는 것도, 따뜻한 볕을 한 번이라도 더 쬐어주려는 것도, 바래지는 않았을까 노심초사하며 상자의 뚜껑을 열어보는 것도 남아줘서 고맙다는 마음을 전하는 일이다. 새해에도 여전한 것들 덕분에 우리는 살아갈 힘을 얻는다.

개중에는 보이지 않는 것들도 있다. 이것들은 나를 북돋우기도 하고 의기소침하게 만들기도 한다. 익숙한 공간에서 뿜어져나오는 온기, 여기는 안전하다는 느낌, 곁을 내어주고 있다는 확신 같은 것은 나를 더 나은 사람으로 만들어준다. 잘 살아야 한다고 다짐하게 해준다. 불신과 불평등, 예의 없음과 배려 없음, 불안함과 두려움, 불필요한 신경전과 불합리한 제도 등 우리 힘으로 어찌하기 힘든 것들도 있다. 사회 곳곳에 만연해 있는 이런 여전함은 하루아침에 감쪽같이 사라지지는 않을 것이다.

여전한 것과 여전하지 않은 것 사이에서, 여전해서 좋은 것과 여전해서 슬픈 것 사이에서 잠시 생각에 잠긴다. 나를 돌아보는 시간을 갖는다. 심리적으로 작년과 더욱 가깝고 내년은 커녕 올해를 맞이할 준비도 안 된 내가 있다. 올해의 나는 좀더 근사할 줄 알았는데, 하릴없이 나이만 한 살 더 먹은 것 같다. 그런 마음들이 쌓이고 쌓여 미련으로 남는다. 매년 1월에는 십중팔구 이런 나를 직면한다. 작년의 1월에도 나는 의기소침했었다. 그러다 마음을 다잡고 올해를 받아들였다. 그래서 우리는 해가 바뀌면 습관적으로 계획을 세우는 것이리라.

부침이 심한 한 해를 보냈다면 새해를 맞이하는 자세가 더욱 경건해질 수밖에 없다. 물론 그 어떤 희망도 품지 않은 채, 1월 1일에 눈을 뜬 사람도 있을 것이다. 희망이 아예 없는 상태에서는 앞날을 내다보는 일 자체가 공포일 수도 있다. 그러면서도 한편으로는 기대하게 된다. 작년보다 더하지는 않겠지, 올해는 조금 낫겠지, 태양이 나를 비추는 때도 있을 테지…… 그러곤 돌아가는 것이다. 처음의 마음으로, 초심으로. 처음의 마음은 이내 자신감으로 변모하게 되고 성실함을 만나면 추진력을 얻게 된다.

처음의 마음대로만 했으면 나는 수영도 할 줄 알게 되고 자전거를 잘 타게 되었을 거다. 혼자서 유럽 배낭여행을 떠났을 거고 더 많은 책을 읽고 썼을 것이다. 지금보다는 다부진 체구를 갖게 되었을 것이며, 구사할 줄 아는 외국어의 숫자도 늘어났을 것이다. 친구들과의 우정이 돈독해지는 것은 물론, 화목한 가정을 꾸렸을지도 모를 일이다. 일 년에 한 달 정도는 외국에서 긴 휴가를 보냈을지도 모른다고 생각하니 헛웃음이 나온다. 이 모든 일을 다 해내기엔 시간과 에너지가 부족했다는 핑계를 대는 옹졸한 나만 남아 있다.

그런데도 나는 지킬 수 없는 약속을 하는 심정으로 또다시 처음의 마음을 품는다. 처음이라는 말은 흰색이나 검은색에 가깝다. 아무것도 모르고 아무것도 확신할 수 없는 상태, 동시에 아무것도 두렵지 않고 아무것도 거리끼지 않는 상태. 처음의 마음이 없었다면 나는 시를 쓰지도, 곁을 만들지도 못했을 것이다. 새하얘서, 새까매서 멋모르고 달려들 수 있었다.

초심으로 돌아간다. 해가 바뀌어야 1월이 찾아오듯, 나아가기 위해서는 역설적으로 처음으로 돌아가야 한다. 나는 여전히 어떤 것을 꿈꾸고 있다. 막연하거나 불확실할지언정, 꿈을 꾼다는 것은 살아 있음을 느끼게 해주는 가장 강력한 증거다. (1월 16일)

시를 읽는 이유

 불시에 이런 질문을 받았다. "시를 꼭 읽어야 하는 이유가 뭘까요?" 처음 만난 자리였다. "읽어야 한다는 것도 부담인데, 꼭이라는 단어까지 붙으니 의무처럼 느껴지네요." 웃으면서 말했지만, 그 자리에 있는 내내 뭔가가 머리를 쿡쿡 찌르는 것 같았다. 어쨌든 나는 질문에 대한 답변을 하지 못한 것이다. 다른 소재가 등장해서 대화는 이어졌지만, 내내 기분이 찜찜했다.

 집에 돌아오는 길, 버스 안에서 어제 구입한 시집을 펼쳤다. 김현 시인의 『입술을 열면』(창비, 2018)이었다. 「강령회」라는 시의 한 대목에 오랫동안 머물렀다. "영혼은 흔들리지 않습니다/몸이 느껴질 뿐입니다" 시를 읽기 시작하면서 나는 영혼의 존재를 믿게 되었다. 움직이는 것은 몸이지만, 그 안에서 법석이며 몸에 숨을 불어넣어주는 것은 영혼이다.

아까 그 자리로 다시 돌아가고 싶었다. 시를 읽는 이유에 대해 조곤조곤 이야기하고 싶었다. "시를 읽을 때, 나는 스스로를 발견해요. 나는 이런 단어에 끌리는구나, 이런 소재에 반응하는구나, 이런 문장에 마음을 내어주는구나……" 심신을 두드리는 시를 읽고 나면 나를 돌아보는 시간을 갖게 된다. 깨달음이 나를 향한 찬찬한 응시로 이어지는 것이다. "내 인생의 중요한 순간에는 늘 저 단어가 있었어요. 저 단어가 내 인생에 단단한 매듭을 만들어주었지요."

시를 읽음으로써 타인을 이해하는 능력이 배양되기도 한다. 기형도의 「엄마 걱정」(『입속의 검은 잎』, 문학과지성사, 1991)이라는 시가 있다. 나는 이 시를 수학능력시험 때 처음 접했다. 시장에 간 엄마를 기다리는 아이가 난생처음 외로움을 직면하는 시다. 모르는 작품이 나오면 으레 당황하게 되는데, 저 시는 읽는 순간 내 몸을 파고들었다. 파고든다는 것은 나도 모르게 시적 상황에 깊이 스며든다는 것이다. 시적 화자의 입장이 되어 움직인다는 것이다. 시를 읽는 일은 시적 화자가 되어봄으로써 누군가를, 누군가의 인생을 헤아려보는 기회를 마련해준다.

일상의 새로운 면, 언어의 새로운 면을 발견할 수 있다는 점도 빼놓을 수 없다. 2002년에 김혜순 시인의 시집 『불쌍한 사랑 기계』(문학과지성사, 1997)를 읽었다. 「코끼리 부인의 답장」이라는 시를 읽을 때였다. "다시 또 얼마나 숨 막고 기다려야/앙다문 입술 밖으로 불현듯/불멸의 상아가 치솟게 되는지"라는 구절이 가슴에 빗금을 긋고 지나갔다. 시집을 덮고 나서도 한동안 '불현듯'이라는 단어가 머릿속에서 뱅글뱅글 맴돌았다. 불현듯의 어원이 '불 켠 듯'에 있다는 사실을 알고는 무릎을 탁 쳤다. 인생의 중요한 순간에는 늘 저 단어가 있었다. 무수한 '불현듯'을 거치고 나서야 비로소 여기 올 수 있었.

'다르게 보기'의 가능성을 엿볼 수 있다는 점도 내가 시를 읽는 이유다. 진은영의 「가족」(『일곱 개의 단어로 된 사전』, 문학과지성사, 2003)을 읽었을 때는 둔중한 것에 한 대 맞은 것 같은 느낌이 들었다. 시의 전문은 다음과 같다. "밖에선/그토록 빛나고 아름다운 것/집에만 가져가면/꽃들이/화분이//다 죽었다" 가족을 응시하지 않았다면, 똑같은 광경을 다르게 보려고 애쓰지 않았다면, 그것을 다르게 표현하려고 힘쓰지 않았다면 저런 시를 쓸 수 없었을 것이다. 좋은 시는 이처럼 편견을 뒤흔든다.

매일 지나다니는 길도 자세히 살펴보면 어제와 달라져 있다. 어제까지는 없었던 벽보가 튀어나오기도 하고 매일같이 들던

새소리에서 새로운 기척을 느끼기도 한다. 발견하려는 태도와 발견했을 때의 즐거움은 일상에 생기를 가져다준다. 익숙함 속에서 불쑥불쑥 올라오는 낯섦은, 대상을 바라보는 시각의 외연뿐만 아니라 삶을 감싸는 사고의 외연도 넓혀준다. 같은 것을 보고도 전혀 다른 것을 상상할 수 있게 해준다.

가장 중요한 것은 질문을 발견할 수 있다는 점이다. 나의 발견, 타인의 발견, 일상과 언어의 발견, 그리고 다르게 보기의 발견은 단숨에 사그라지지 않는다. 그것은 질문으로 이어진다. 그 질문은 가깝게는 취향에서 멀게는 세계관에 이르기까지, 나를 구성하는 또다른 자극이 된다. 질문을 던지고 일상에서 끊임없이 답을 구하며, 나는 진짜 나에게 한 발 더 가까이 다가간다.

시를 읽기 전의 나와 시를 읽고 난 후의 나는 확연히 달라져 있다. 공교롭게도 이것은 발견할 수 없는 것이다. 자기 자신만 안다. 자기 자신은 안다. (2월 13일)

'기다리다'는 동사가 맞는 것 같다

아버지를 모시고 병원에 갔다. 유수의 종합병원이라 그런지 크고 복잡했다. 주차장에 차가 많아서 몇 바퀴를 돌았는지 모른다. 차에서 내려 해당 건물에 들어서는 일도 쉽지만은 않았다. 차가 많다는 것은 사람이 많다는 말도 된다. 아픈 사람들과 아픈 사람 곁에 있는 사람들이 있었다. 병원 안팎에 있었다. 초조함을 이기기 위해 담배를 피우는 사람과 수술실 앞에서 두 손을 모으고 머리를 푹 수그린 채 앉아 있는 사람이 있었다. 진료실 앞에서 호명되기를 간절히 바라는 사람이 있었다. 기다리는 사람들이었다.

접수를 하기 위해 번호표를 뽑고 기다렸다. 번호표에 적힌 숫자를 통해 오늘만 이미 삼백 명이 넘는 사람이 병원을 다녀

갔다는 사실을 알 수 있었다. 이십 분쯤 지났을까, 순서가 되어 데스크에 갔더니 처음 내원하는 경우에는 옆에 있는 다른 건물에 가서 등록 절차를 거쳐야 한다는 것이었다. 정신이 번쩍 들었다. 그때까지만 하더라도 서두르기를 잘했다는 생각이었다. 예약 진료 시간보다 여유 있게 와서 천만다행이었다. 옆 건물에 가서 또다시 번호표를 뽑고 기다렸다. 역시 이십 분쯤 흐르고 나서야 간신히 등록 절차를 마칠 수 있었다.

처음에 갔던 건물로 돌아가서 해당 진료과로 이동했다. 스크린에 이름들이 적혀 있었다. 의사 이름 아래에 진료를 기다리는 환자들 이름이 적혀 있었다. 예약 진료 시간이 다 되었는데도 아버지의 이름은 보이지 않았다. 이름 하나가 사라지면 목록에 있는 이름들이 한 칸씩 위로 올라갔다. 더디게 바뀔 것임을 잘 알면서도, 하릴없이 스크린을 바라볼 수밖에 없었다. 대기실 의자에 앉아 있는 사람들의 눈은 모두 스크린을 향해 있었다. 가끔 누군가가 의자에서 일어나면 부러운 눈으로 그 사람을 바라보았다.

병원에서의 일은 참는 일, 기다리는 일, 묵묵해지는 일이었다. 기다리는 동안 책을 읽거나 TV를 보는 것도 쉽지 않았다. 집중하다 만에 하나 제 순서를 놓쳐버리기라도 하면 다시 처음부터 기다려야 할지도 모른다는 생각이 들었다. 처지가 절박한 사람 옆에 사연이 절박한 사람이 있었다. 휠체어에 앉아 계신 할머니가 눕고 싶다는 말을 하자 의자에 앉아 있던 사람들이 누가 먼저랄 것도 없이 일어났다. 마음의 움직임이 몸의 움직임으로 이어졌다. 몸의 움직임이 마음의 움직임을 다시 이끌었다. 절박함이 만들어내는 따뜻한 유대였다.

의사와 오 분을 면담하기 위해 세 시간을 보냈다. 아버지의 진료가 끝나고 나오는데 다리가 후들거렸다. 온몸에 힘이 하나도 없었다. 기다리는 일은 에너지를 소진하는 일임을 몸소 깨달았다. 기다림이 다음주로 한 주 유예되었다. 앞으로 기다릴 일은 더 많을 것이다. 기다리기 위해서, 기다림 상태에 도달하기 위해서 몸은 더 바빠질 것이다. 기다리는 일에 익숙해지기 위해 먼저 해야 할 일들도 있을 것이다. 기다림을 위한 앞선 기다림이 있을 것이다.

지금껏 내게 무수히 많은 기다림이 있었다. 버스를 기다리며, 연락을 기다리며, 연락이 끊긴 소중한 사람이 잘 지낸다는 소식을 기다리며, 수학여행을 기다리고 체육대회를 기다리며 나는 마냥 설레기도 하고 밤잠을 설치기도 했다. 어떤 기다림은 기약이 없어서 허무했고, 인내를 시험하는 기다림도 있었다. 만나기 위해서 기다려야 했고 쓰기 위해서 기다려야 했다.

아무리 많이, 아무리 오래 기다려도 기다림은 좀체 익숙해지지 않는다. '기다리다'라는 단어는 동사지만, 왠지 형용사에 가깝다는 생각이 들었다. 특정한 동작이라기보다는 어떤 상태에 더 가깝게 느껴졌다. 하지만 기다리는 동안, 가슴속에서 무수히 많은 마음이 움직였을 것이다. 걱정과 기대가 뒤섞인 감정이 여기서 저기로 나아갔을 것이다. 개중 어떤 감정은 어쩔 수 없이 되돌아왔을 것이다.

조용미 시인의 「유적」(『일만 마리 물고기가 산을 날아오르다』, 창비, 2000)이라는 시에는 다음과 같은 구절이 등장한다. "은사시나무 껍질을 만지며 당신을 생각했죠/아그배나무 껍질을 쓰다듬으면서도/당신을 그렸죠 기다림도 지치면 노여움이 될까요" 희망을 잃지 않는 한, 기다림은 여전히 진행중일 것이다. 가슴을 쓸어내리고 멍하니 하늘을 올려다보다가 발을 동동 구르기도 할 것이다. 몸과 마음은 계속해서 법석일 것이다. 다시 생각해보니 '기다리다'는 동사가 맞는 것 같다. (3월 13일)

듣는 일과
말하는 일

 인터넷 서점 YES24에서 제작하는 도서 팟캐스트 〈책읽아웃―오은의 옹기종기〉를 진행하게 되었다. 처음 진행 제안이 왔을 때 적잖이 당황했다. 당황은 이내 잘할 수 있을까 하는 불안과 걱정으로 이어졌다. 이때껏 이런저런 오프라인 행사에서 진행을 맡은 적이 꽤 많지만, 그것은 대부분 일회성 행사였다. 한차례라는 말에, 한 번이면 된다는 말에 승낙하곤 했었다. 실제로 한차례 행사는 한바탕 웃으며 끝나는 경우가 많았고 그때마다 한시름 놓을 수 있었다.

 두 시간쯤 되는 행사가 끝나면 늘 안도의 한숨을 내쉬곤 했다. 청중의 반응이 좋았던 날에는 기분이 날아갈 듯 좋았다. 그때마다 나는 생각했다. 한 번이었기에 집중해서 잘 마칠 수 있었어. 초대 손님과 생각만큼 소통이 잘되지 않았던 날에는 마음이 무거웠다. 그때도 나는 생각했다. 그래도 한 번이었으니 다행이야. 다음번과 다음 차례가 언제 또 올지 모르기에 한 번과 한차례에 대해 오랫동안 생각지 않았다.

반면, 팟캐스트 진행은 한 번으로 끝나지 않는다. 이는 지속적인 일이다. 불규칙적으로 업로드되는 방송도 있지만, 기본적으로 정확한 일시에 새 에피소드가 제공된다. 성실하게 임하되, 그 성실함이 꾸준해야 하는 것이다. 팟캐스트는 또한 마음을 합하는 일이다. 게스트 섭외부터 대본 방향에 이르기까지 스태프와 상의하지 않으면 안 된다. 한 번만 하고 끝나는 것이 아니므로, 청취자들의 피드백에 신경을 기울여야 함은 물론이다.

무엇보다 게스트와 대화를 나눌 재료를 준비해야 한다. 자주 만나는 친구보다 오랜만에 만난 친구와 할말이 없는 것처럼, 나와 어느 정도 거리가 있는 사람과의 만남 전에는 준비가 필요하다. 그 사람에 대해 속속들이 파악할 수는 없어도 어떤 발자국들을 찍으며 여기까지 왔는지 알려고 애써야 한다. 그러려면 사람에게 마음을 써야 한다. 시간을 들여 그 사람이 쓴 책을 읽고 더 긴 시간을 들여 그 책을 나만의 방식으로 소화해야 한다. 손님을 환대하는 몸가짐과 손님에게 차를 내가는 마음가짐이 둘 다 필요하다.

〈오은의 옹기종기〉 첫 게스트로 김민정 시인이 나왔다. 시인이자 편집자, 출판사 대표이기도 한 그는 아픈 와중에도 동생의 부탁을 거절하지 않았다. 첫 방송이라 긴장할까봐 편한 게스트를 섭외해준 제작진에게도 고마웠다. 스튜디오는 좁고, 좁아서 더 덥게 느껴졌다. 녹음이 끝날 때쯤에는 스튜디오 안에 열기가 가득했다. 내가 말을 많이 해서가 아니었다. 그의 말을 한마디도 놓치지 않으려고 열심히 들었기 때문이다. 시종 웃고 떠들었지만 속으로는 많이 울었다. 눈물을 흘리지 않으려고 머리끝과 발끝에 힘을 주고 있었다.

녹음을 마치고 밖으로 나오는데 개운한 느낌이 들었다. 첫 방송이 무사히 끝나서 개운하기도 했지만 분명 뭔가가 더 있었다. 방송이 끝나면 보통 비우고 났을 때의 개운함이 찾아오는데, 이번에는 달랐다. 이 기분은 채우고 났을 때의 개운함에 훨씬 더 가까웠다. 하고 싶은 말을 다 했을 때의 개운함이 아닌, 누군가의 말을 천천히 듣고 그것을 차분하게 새기고 난 후에 찾아오는 개운함이었다. 듣는 일에서 찾아오는 충만함은 말하는 일에서 얻을 수 있는 홀가분함과 결이 전혀 달랐다. 내가 지금껏 만끽하지 못한 개운함이었다.

나는 스스로를 양념과 같은 사람이라고 생각해왔다. 이런저런 오프라인 행사나 라디오 프로그램에 게스트로 나갈 때마다 소금을 치듯 후추를 치듯 순간순간 재치를 발휘해야 한다고 생각했다. 돌이켜보니 나는 말하는 사람이었다. 프로그램에 풍덩 빠져야 하는 사람이었다. 펄펄 끓고 익어야 하는 주재료였다. 이는 내가 제대로 말할 수 있도록 옆에서 잘 들어주는 사람들이 있었기에 가능했다. 유창하게 말하는 재능은 반짝이지만, 귀기울여 듣는 태도는 둘 사이에 뭉근한 믿음을 만들어준다.

이제 나는 더 적극적으로 양념이 되어야 한다. 그러려면 잘 들어야 한다. 주의 깊게 상대의 말을 경청하고 그다음 말, 나아가 그 사람이 정말 하고 싶은 말을 할 수 있도록 분위기를 만들어야 한다. 함께 호흡하듯, 함께 산책하듯 상대의 리듬에 맞춰 나가야 한다. 잘 듣는 일이 상대가 하는 말에 힘을 실어줄 수 있다고 믿는다. (4월 10일)

그날부터 나는
걷기 시작했다

나는 무른 사람이다. 무르다는 것은 여리다는 것이다. 마음이 여리고 힘이 약하다는 것이다. 누군가가 한 사소한 말에 쓸데없이 의미를 부여하고 그것을 온종일 생각한다는 것이다. 그 말에서 칼날을 발견하기라도 하면 어김없이 가슴을 움켜쥔다. 생각은 계속해서 알을 낳는다. 그 알을 다 부화시킬 때쯤이면 이미 심신은 녹초가 되어 있다. 도무지 초연해지지 않는다.

어릴 때에는 이 법석임이 좋았다. 남들과 무리 없이 지내는 것도 무른 성질 덕분이라고 믿었다. 무름이 꾸준해지면 무르익거나 무르녹는 경지에 다다를 수 있으리라 기대했다. '무르다'는 것이 '유연하다'는 것과 다르다는 것을 체득하기 시작했을 때, 나의 무름은 더이상 나의 편이 되지 못했다. 유연하게 휘어지는 것과 물러서 주저앉는 것은 차원이 다른 얘기다.

그때부터 나는 무르지 않기 위해, 아니 정확히 말하면 물러 보이지 않기 위해 애쓰면서 지냈다. 호탕하게 웃고 호기롭게 말했다. 그것이 내가 단단해지는 일이라 믿었기 때문이다. 나는 나를 가장假裝하고 있었다. 내가 무르다는 사실을 알아챈 누군가가 꼬챙이 같은 말을 깊숙이 찔러넣기 전에, 나는 선수를 쳤다. 선수를 쳤다는 사실 때문에 그날 밤은 유독 길었다. 물러 터진 가슴을 움켜쥐고 밤새 앓았다.

4월은 끔찍한 달이었다. 하루가 멀다 하고 내가 사랑하는 사람들이 아프다는 소식이 들려왔다. 아버지는 항암 치료를 받으시다 뇌경색으로 입원하셨다. 응급실 옆 대기실에서 쪽잠을 자는 자세로 밤을 샐 때, 병원에 있는 비상구 표지판이 눈에 들어왔다. 한밤중인데도 비상구 표지판은 굳건하게 초록빛을 내고 있었다. 제아무리 깜깜해져도 어딘가에는 반드시 빛이 남아 있을 거라는 믿음처럼 보였다.

같은 달, 사랑하는 사람들의 연이은 암 투병 소식을 들을 때마다 두 다리가 휘청거렸다. 암이라는 단어는 내게 너무 멀리 있는 것이었다. 어느 날 친구가 병원에 있다며 전화를 해왔을 때는 가슴이 덜컥 내려앉았다. 감기 때문이라는 말을 듣고 한

숨을 내쉬었지만, 한번 동요된 마음은 쉬 잠잠해지지 않았다. 병에 크고 작음이 있다고 하나, 사랑하는 사람들이 아프다고 하면 절로 가슴이 무너져내렸다. 여전히 나는 무른 사람이었다.

 그날부터 나는 걷기 시작했다. 산책하는 자세는 아니었다. 걱정하는 마음을 덜기 위해 필사적으로 걸었다. 잠실에서 강남으로, 합정에서 신촌으로, 여의도에서 홍대로 걸었다. 긴 다리를 건넌 뒤에야 그것이 서강대교임을 깨달은 날도 있었다. 무른 나를 인정하는 것이 단단해지는 첫걸음임을 온몸으로 알게 되었다. 첫걸음을 떼고 나자 한결 마음이 편안해졌다. 나는 이제야 겨우 단단해질 가능성이 있는 사람이 된 것이다.

 단단하다는 것은 외부에서 어떤 힘을 받아도 쉽게 변하거나 부서지지 않는다는 것이다. 평소와 똑같이 일하고 밥을 챙겨 먹고 주위를 돌볼 수 있다는 것이다. 나부끼는 데 익숙하고 휩쓸리는 게 자연스러운 내게 단단해지는 일은 쉽지 않았다. 다리를 건너고 동을 지나쳐 구가 바뀌는 것을 지켜보며 나는 사랑하는 사람들을 떠올렸다. 여기를 지나고 나면, 여기만 건너고 나면 햇볕이 내리쬘 것 같았다. 그 햇볕을 받고 나란히 힘을 낼 수 있을 것 같았다. 함께 단단해질 수 있을 것 같았다.

 독일에 있는 허수경 시인이 암과 싸우고 있다. 그 소식을 처음 들었을 때 나는 화불단행禍不單行이라는 사자성어를 떠올렸다. 좋지 않은 일이 겹쳐 왔다는 생각 때문이었다. 타국에서 아픔과 외로움을 홀로 견디고 있을 누나를 떠올리니 가슴이 몹시 쓰라렸다. 정작 누나는 김민정 시인에게 이렇게 말했다고 한다. "민정아, 기회가 되면 여기저기 알려줘. 이유는 하나야. 내가 너무 많은 사랑을 받았어."

나는 화불단행이라는 사자성어를 지우고 거기에 우공이산愚公移山을 집어넣었다. 한 발 한 발 걸어나가다보면 이 길 끝에 빛이 있을 것이다. 햇볕이 있을 것이다. 수경 누나의 소설 『박하』(문학동네, 2011)를 다시 읽는다. "살아가는 거야, 서로 사랑하는 우리,/상처에 짓이겨진 박하 향기가 날 때까지." 그리고 박하 향기가 날 때쯤 나는, 우리는 조금은 단단해져 있을 것이다. (5월 8일)

귀여움은 '또'라는 상태를
염원하게 만든다

    침대에 누워 책을 읽는데 도무지 집중이 되지 않았다. 나도 모르게 스마트폰으로 손이 향했다. 예전 같으면 이불을 뒤집어쓰고 어떻게든 잠들기 위해 애썼겠지만, 스마트폰이 생긴 이후에는 통제가 잘되지 않는다. SNS에 접속하니 이렇게 묻는다. "지금 무슨 일이 일어나고 있나요?" 어딘가에서 분명 거대한 일이 벌어지고 있을 지금, 고작 잠들기 위해 버둥거리고 있는 나 자신이 우습고 처량하게 느껴졌다.

    글들을 죽 읽어내려가다 사진 한 장에 눈이 가닿는다. 눈이 말똥말똥해진다. 수면은 지연된다. 내일 아침부터 부리나케 치러야 할 일들은 자발적으로 망각된다. '축구공으로 변신한 고양이'란 제목을 단 사진은 이미 만 차례가 넘게 공유되고 있었다. 사진 속에서는 하얀 바탕에 검은 점이 난 고양이가 몸을 동그랗게 말고 앉아 있었다. 얼룩무늬가 만들어내는 절묘한 순간에 무릎을 탁 쳤다.

내친김에 검색창에 고양이를 입력해보았다. 사람들이 SNS에 올려놓은 고양이 사진들이 눈앞에 펼쳐졌다. 그것은 분명 파노라마였다. 변화와 굴곡이 많은 이야기처럼, 고양이들은 하나하나 다 달랐다. 이 고양이를 보고 미소를 지었다가 저 고양이를 보고 폭소를 터뜨렸다. 굳이 매력을 뽐내지 않아도 충분히 주목받을 수 있다는 걸 안다는 듯, 바닥에 가만히 앉아 있는 고양이도 있었다. 나도 모르게 중얼거렸다. "귀여워."

언제부터인가 힘든 일이 있을 때마다 나는 귀여운 것을 찾고 있었다. 그것이 일을 근본적으로 해결해주거나 일에서 벗어나게 해주지 않는다는 사실을 누구보다 잘 안다. 그럼에도 불구하고 귀여운 것을 바라보고 있노라면 머리와 양어깨를 짓누르는 부담이 좀 가시는 느낌이 들었다. 그것을 플라시보 효과라고 폄하하듯 말하는 사람도 있었다. 플라시보 효과면 어떤가. 귀여움 덕분에 잠시 동안 환히 웃을 수 있었는데.

'귀엽다'라는 말도 일상에서 더욱 빈번하게 사용하는 것 같다. 뭔가 좋은 것, 다시 보고 맡고 듣고 싶은 것이 있을 때마다 나는 '귀엽다'라는 형용사를 사용하고 있었다. 귀여움은 으레 사랑스러움을 동반하고, 이 사랑스러움은 관계를 끈끈하게 만들어준다. 잘 알고 있다고 생각한 사람에게서 의외의 면을 발견했을 때, 나는 그 사람도 귀엽고 그것이 발견되던 순간도 귀엽게 느껴졌다. 그 사람 안에 더 많은 귀여움이 존재할 것이라 생각하니 덩달아 기분도 좋아졌다.

힘들 때 고양이 사진을 들여다본다고 고백하니, 한 친구가 그럴 때 고작 귀여운 것이나 보느냐고 타박했다. 위로가 필요할 때 할 수 있는 것이 많을 테지만, 나는 귀여운 것이 좋다. 귀여운 것은 현실에 나를 붙잡아놓되, 공중에 한 일 센티미터쯤 떠 있게 해주기 때문이다. 내가 귀여워하는 것들을 헤아려보니, 하나같이 투명하다는 공통점이 있었다. 투명하다는 것은 자신이 원하는 것을 얻기 위해 섣불리 행동하지 않는다는 것이다.

누군가의 마음을 사로잡으려고 환히 웃는 사람보다는 자신도 몰랐던 어떤 표정을 짓는 사람이 귀엽다. 형식을 잘 갖춘 이메일보다는 삐뚤빼뚤해도 자신의 마음을 한 자 한 자 적어내려간 손편지가 귀엽다. 강아지가 다가갈 때 짓는 아이의 표정, 생전 처음 마주한 음식을 맛보자마자 찌푸려지는 미간이 귀엽다. 대화 도중 난데없이 튀어나오는 사투리, 가위바위보를 할 때

가위를 낸답시고 손가락을 세 개 내미는 실수가 귀엽다. 그리고 귀여운 것을 마주하고 기뻐할 수 있는 마음은, 아직 괜찮다.

귀여움은 '또'라는 상태를 염원하게 만든다. 또 보고 싶고 또 만나고 싶은 것이다. 어제 길에서 만난 고양이를 오늘 또 마주친다고 해서 귀여움이 없어지지는 않을 것이다. 귀여움은 달아나거나 닳는 것이 아니기 때문이다. 문득 귀여움은 남녀노소를 불문하고 튀어나올 수 있는 어떤 것이라는 생각이 들었다. "귀엽다"라는 말 또한 누군가가 누군가에게 해줄 수 있는 커다란 칭찬이다. 세월의 흐름에도 아직 '나'를 지키고 있는 사람들이 귀엽다. 좋아하는 것을 떠올리며 해맑게 웃는 사람들이 귀엽다. 밤하늘이 외롭지 않게 총총 떠 있는 별들처럼. (7월 3일)

곁

　병상에 계신 황현산 선생님을 뵙고 왔다. 쇠한 기력과는 달리, 눈빛은 여전히 날카로웠다. 선생님, 저 왔어요. 일부러 더 씩씩하고 명랑하게 인사했다. 목소리는 잠겨 있었지만 끔벅이는 눈으로 많은 말씀을 해주셨다. 눈을 마주친 것뿐인데, 잘 지내니, 별일 없니, 오랜만이지?, 살이 좀 빠진 것 같구나, 이리 와서 좀 앉거라 등의 말을 들은 것 같았다. 잘 지냈어요, 별일 없어요, 오랜만에 찾아와서 죄송해요, 살은 다시 찔 거예요, 선생님 곁에 바짝 다가앉을게요 등의 말을 쉴새없이 쏟아냈다.

　연일 폭염이었는데, 선생님께 찾아간 날에는 비가 왔다. 그야말로 단비였다. 하늘도 끔벅이는 눈처럼 갑자기 어두워졌다가 천천히 밝아졌다. 소낙비가 내리다가 언제 그랬냐는 듯 감쪽같이 갰다. 끔벅인다는 것은 '갑자기'를 '천천히'의 상태로 만드는 것이 아닐까 생각이 들었다. 보통, 병과 아픔과 슬픔은 갑자기 찾아오고 아주 천천히 회복된다. 변덕스러운 날씨처럼, 도무지 종잡을 수 없는 마음처럼.

병실에는 이미 많은 사람이 와 있었다. 선생님 곁을 지키기 위해, 곁에서 더욱 뜨거운 말을 전하기 위해, 곁에서 눈을 마주치고 함께 호흡하기 위해. 누군가의 곁에 다가간다는 것은 나의 틈을 내지 않으면 안 되는 일이다. 시간의 틈을 벌려 여유를 만들고 공간의 틈을 벌려 그 사람을 나의 영역으로 끌어당겨야 한다. 곁을 준다는 말이 속을 터준다는 뜻인 것도, 곁을 지킨다는 말이 믿음에 뿌리를 둔 것도 이 때문이다. 그래서 곁이 비어 있을 때 그리움의 감정은 커지고 곁이 많을 때 사랑받고 있다는 느낌이 든다.

글 쓰시고 밥 드시고 사람들에게 서슴없이 내미시던 손을 잡아드리는 것밖에, 내가 할 수 있는 일이 없었다. 선생님께 병원 이불의 재질이 좋다고 말씀드렸더니, 집에 갈 때 하나 달라고 해야겠다고 희미하게 웃으며 말씀하셨다. 농담을 곁에 둘 수 있는 상태를 확인하니, 적이 안심이 되었다. 동시에 '집에 간다'는, 새삼스러울 것도 없는 말에 마음이 흔들리고 말았다. 저 말은 꼭 씨가 되었으면 좋겠다고 생각하며 자리에서 일어났다.

 김소연의 『한 글자 사전』(마음산책, 2018)에는 한 글자로 된 다양한 단어가 등장한다. 나는 '곁'이라는 단어에 오래 머물렀다. "옆보다는 조금 더 가까운. '나와 옆', 그 사이의 영역. 그러므로 나 자신은 결코 차지할 수 없는 장소이자, 나 이외의 사람만이 차지할 수 있는 장소. 동료와 나는 서로 옆을 내어주는 것에 가깝고, 친구와 나는 곁을 내어준다에 가깝다." 이처럼 나의 곁과 너의 곁이 늘 같을 수는 없다. 관계 사이의 오해는 사실상 '옆'을 '곁'으로 착각해서 발생하는 경우가 많다.

 '옆'이라는 말이 공간적 거리를 지칭한다면, '곁'이라는 말은 그 안에 심리적 거리를 포함한다. 옆에 있다고 해서 다 가깝다고 느끼지는 않기 때문이다. 그래서 곁에는 거리감뿐만 아니라 양감과 질감, 온도와 습도 같은 성질이 다 담겨 있다. 무수한 사람 사이에서도 외로움을 느끼는 것은 곁이 채워지지 않았기 때문이다. 옆에 있는 사람들이 곁에 다가오지 않았거나 옆에 있는 사람들을 곁에 들이지 않았기 때문이다. 나는 선생님이 자신의 곁이 꽉 차 있다고, 온기로 가득하다고 느끼기를 바랐다.

 살아가면서 곁을 잘 챙기는 것은 매우 중요하다. 삶을 살아 있게 해주는 것도 곁이 없으면 불가능하기 때문이다. 마음을 품고만 있고 전달하지 않으면 아무 소용이 없는 것처럼 말이다. 곁에 두는 것에는 다 그럴 만한 이유가 있고, 곁에 남아 있는 사람은 나를 정말로 생각하는 사람이다. 생각만 하는 것이 아니라 그 생각을 표현하는 사람이다.

집에 와서 선생님의 책 『황현산의 사소한 부탁』(난다, 2018)을 다시 찬찬히 읽기 시작했다. 어떤 부탁은 사소하고 어떤 부탁은 절실하다. 사소하다고 해서 부탁을 쉬 지나칠 수 있는 것은 아니다. 절실하다고 해서 부탁을 다 들어줄 수도 없다. '갑자기'와 '천천히'가 한 단어에서 만나듯, 두 눈을 끔벅이며 사소하면서도 절실한 기도를 했다. 선생님 곁에 더 오래 있고 싶다고. 곁의 온도와 습도가 한동안 유지되었으면 좋겠다고. (7월 31일)

'위트 앤 시니컬'이 다시 문을 연다

김현경의 『사람, 장소, 환대』(문학과지성사, 2015)의 프롤로그 「그림자를 판 사나이」에는 그림자와 영혼에 관한 여러 가지 우화가 등장한다. 그림자는 사람을 사람처럼 보이게 해주는 것이며 영혼은 사람을 사람답게 해주는 것이다. 개중 나의 시선을 오래 머물게 만든 구절이 있었다. "우리는 환대에 의해 사회 안에 들어가며 사람이 된다. 사람이 된다는 것은 자리/장소를 갖는다는 것이다. 환대는 자리를 주는 행위이다."

생각은 꼬리에 꼬리를 물고 이어져 나는 시집 서점 '위트 앤 시니컬'을 떠올렸다. 시를 읽고 쓰는 사람으로서, 위트 앤 시니컬은 나에게 장소를 갖게 만들어주었다. 처음 서점에 발을 들이던 순간, 나는 그 공간이 나를 우호적으로 받아들였다고 느껐다. 보이는 것은 물론이고, 보이지 않는 것까지 껴안아주는 느낌이었다. 단순히 시집을 사고파는 서점을 넘어서, 책을 마주할 수 있는 경험, 낭독의 즐거움과 독서의 기쁨을 얻는 장소였다. 무엇보다 시를 읽음으로써 무용한 것이 얼마나 반짝일 수 있는지를 깨닫게 해주는 공간이었다.

위트 앤 시니컬이 문을 닫는다. 2016년 여름에 문을 연 이래, 시간이 날 때마다 그곳을 찾았다. 집에서 한 시간 넘게 버스를 타야 하는 거리였지만, 기꺼이 갔다. 시간이 날 때마다 찾을 데가 있다는 것이 얼마나 행복한 일인지 실감했다. 시집을 사지 않더라도 그냥 거기에 있는 것이 좋았다. 시집들 사이에서 머뭇거리는 것이 좋았다. 사람들이 서가 앞에 서서 책장을 조심스레 넘기는 모습을 보는 것이 좋았다. 우연히 동료 시인들을 만나면 반가움을 감출 수 없었다. 어쩌다 내 시집을 읽고 있는 사람들을 보면 가슴이 뛰었다.

돌이켜보면 위트 앤 시니컬은 손님보다는 독자, 아니 친구를 만나는 곳이었다. 많은 이가 그곳에서 자신이 사람이라고, 그 장소에 속해 있다고, 비로소 환대받고 있다고 느끼는 것도 이 때문일 것이다. 소비 이상의 경험이 존재한다는 것은 중요하다. 장소를 채우는 것은 기둥과 테이블, 의자, 책 등의 물질이지만 비가시적인 것들이 '순간'을 완성하기 때문이다. 난생처음 시집을 고를 때 떨리는 손끝 같은 것 말이다. 우리는 매번 각자의 그림자를 끌고 왔다가 영혼이 충만해져서 돌아갔다.

위트 앤 시니컬이 다시 문을 연다. 신촌 생활이 끝나고 혜화동 생활의 시작을 준비하고 있다. 소식을 접하고 난 뒤, 비스와바 쉼보르스카의 시 「끝과 시작」이 문득 떠올랐다. 시의 끝부분을 다시 읽는다. "원인과 결과가 고루 덮인 이 풀밭 위에서/누군가는 자리 깔고 벌렁 드러누워 이삭을 입에 문 채/물끄러미 구름을 바라보아야만 하리." 물끄러미 구름을 바라보는 누군가 때문에 끝은 마침내 시작의 국면을 맞이할 수 있다. 구름이 흘러가고 나면, 다음 시가 쓰이기 시작할 것이다.

이 시를 읽고 난 후의 나는 그것을 읽기 전의 나와 달라져 있었다. 그것을 이력서나 자기소개서에 쓸 수는 없을 것이다. 이력서나 자기소개서에는 내가 나임을 증명할 그림자가 필요하다. 하지만 사람을 더욱 사람답게 만들어주는 것은 영혼이다. 위트 앤 시니컬이 어딘가에서 계속 운영된다는 것은 내게 영혼을 위로할 장소가 '아직' 있음을 의미하는 것이다. 그 장소에서 나는 그림자뿐만 아니라 영혼을 지닌 사람임을 재확인할 수 있을 것이다. 장소가 주는 환대를 넘어 내가 나 자신을 환대할 수 있을 것이다.

때마침 시인 허연 형의 문자를 받았다. 형은 문자메시지의 마지막에 늘 다음의 말을 덧붙인다. "바빠도 영혼 잘 지키고." 영혼을 지키기 위해 나는 위트 앤 시니컬에 간다. 공사가 한창인 혜화동 현장에는 다음과 같은 배너가 걸려 있다. "1953년에 설립된 동양서림이 백년의 역사를 가진 서점을 꿈꾸며 새로운 모습을 준비합니다. 시집 서점 위트 앤 시니컬과 함께 다시 찾아뵙겠습니다." 적어도 앞으로 삼십 년 이상, 나는 영혼을 지킬 수 있을 것 같다.

백년이라니, 말만 들어도 벅차다. 이는 단순히 시간이 흐른다고 해서, 물리적으로 거기 있다고 해서 절로 완성되는 일이 아니다. 장소가, 환대가, 무엇보다 사람들이 있어야 한다. 끝이 그저 끝이 아니기 위한 노력, 끝끝내 끝을 시작으로 이어 붙이는 마음이 이를 가능하게 만들었다. 또다시 벅차다. (10월 30일)

사랑한다, 라고 말할
시간이 온 것이다

 어릴 때는 울면 많은 것이 해결되었다. 울기만 하면 다 되는 줄 알던 시절도 있었다. 사소한 것에도 떼를 쓰고 투정을 부렸다. 툭하면 울어서 울보, 여차하면 떼를 써서 떼보라는 별명을 얻었다. 울어서 솜사탕을 얻고 떼써서 아이스크림을 얻었다. 녹는 것들이 많았다. 녹아서 흘러내리는 것들이 많았다.

 암 투병중인 아빠와 시간을 함께 보내고 있다. 시간을 함께 한다는 것은, 같은 것을 보고 듣고 맛보고 새겨들을 수 있다는 것이다. 산책을 하고 귤을 까먹고 낙엽을 두 장 주워 서로 한 장씩 나눠 가질 수 있다는 말이다. 성인이 되고 이런 시간이 많지 않았기에, 내가 몰랐던 아빠의 새로운 모습을 종종 발견한다. 남은 시간이 참으로 귀하다.

얼마 전 허수경 시인의 사십구재가 있었다. 나는 약력 보고를 했는데, 약력이라는 말이 무색할 만큼 긴 글을 적었다. 더 무색한 것은 한 사람의 삶이 요약될 수 있다는 사실이었다. 가능하다면 수경 누나가 했던 말과 썼던 글들을 밤새 들려주고 싶었다. 사십구재를 마치고 아빠가 입원해 있는 병원으로 돌아왔다. 그날 밤, 아빠가 응급실로 옮겨졌다.

주치의가 더이상의 항암 치료는 무의미하다고 말하며 마음의 준비를 하라고 했을 때, 나는 주저앉고 말았다. 몸과 마음은 한통속이었다. 지지난주까지 나와 근린공원을 산책했던 아빠였다. 이십여 년 전 얘기를 나누며 그땐 왜 그랬을까 얘기하며 깔깔 웃기도 했다. 얼른 몸을 추슬러 바다를 보러 가자고도 했다. 아빠는 바다를 보면 아득해진다고 했다. 이번에 처음 알게 된 사실이었다.

할 수 있는 것은 다 했다는 말, 할 수 있는 것이 더이상 없다는 의사의 말이 머릿속을 좀체 떠나지 않았다. 구급차를 타고 아빠와 함께 고향으로 돌아오던 날 밤, 아빠를 바라보며 아빠 생각을 했다. 그동안 나는 아빠에게 무엇을 얼마나 했을까. 올 한 해는 할 수 있는 게 거의 없었고, 그 무능함을 끝내 외면할 수 없어 슬펐다.

평소에 아빠는 할 것은 다 했느냐고 종종 물으셨다. 채근하거나 닦달하는 것이 아니라, 여유를 가져도 되지 않느냐는 물음이었다. 할 것에는 할일뿐만 아니라 할말, 나아가 할 도리까지 포함되어 있었다. 차근차근 할게요, 라고 답하면 아빠는 씩 웃었다. 그래, 나는 네가 내 아들인 게 좋다. 그 말에 얼굴이 벌게져 헛딴데로 화제를 돌리기 위해 무진 애를 썼다.

요즘 들어 애를 그렇게 쓰면 안 된다는 생각이 든다. 그때 나는 말했어야 했다. 저도 당신이 제 아빠인 게 좋아요. 부자지간이라 쉽게 나오지 않던 말이, 실은 부자지간이라 부러 애써서 해야 할 말이었던 것이다.

아빠에 대해 알 것이 아직 많이 남았다는 사실 또한 나를 슬프게 했다. 긴 시간을 함께해도 몰랐던 것들이, 상대를 유심히 들여다보면 보이기 시작한다. 그 유심함이 부족했던 게 아닐까 자책하다가도, 마음이라는 게 있어서, 그것을 아직 전할 수 있어서 다행이라는 생각이 들었다. 아빠의 손을 잡았다. 아빠의 손에 힘이 들어가는 게 느껴졌다. 이 온기를 절대 잊지 말자고 다짐했다.

아무리 준비해도 되지 않는 것이 있다면, 그것은 아마 마음일 것이다. 물질적 준비는 차곡차곡 모으면 가능할지도 모른다. 하지만 정신적 준비는 상상을 요하는 것이다. 소중한 대상이 떠나고 난 다음 장면은 쉽사리 그려지지 않는다. 그 상상을 하는 것만으로도 몸에서 어떤 것이 스르르 빠져나가고 만다.

아버지라고 안 쓰고 아빠라고 쓴다. 아버지라고 안 부르고 아빠라고 부른다. 아빠라고만 부르던 시절, 아빠는 뭐든 해낼 수 있었으니까. 말만 하면 뭐든 만들어냈으니까. 배구도 잘하고 바둑도 잘 두고 당구도 잘 치던 아빠였으니까. 한자와 수학에 능했던 아빠였으니까. 시 쓰는 나를 자랑스러워하던 아빠였으니까.

허수경의 『나는 발굴지에 있었다』(난다, 2018) 개정판 작가의 말을 읽는다. "사랑한다, 라고 말할 시간이 온 것이다." 더 늦기 전에 아빠에게 사랑한다, 라고 말해야겠다. 잘 사는 일 못지않게 중요한 일이 잘 떠나는 일일 것 같다. 남은 자들에게는 그것이 잘 보내는 일일 거다. 아빠가 한 번이라도 더 웃으실 수 있게 말을 많이 건네야겠다. 사랑한다는 말도 자주 해야겠다. 꼭 그렇게 해야겠다고, 마음의 준비를 한다. (11월 27일)

2019

내 삶에 물꼬를 터주는
작은 것들

　새해에 아룬다티 로이의 소설 『작은 것들의 신』(문학동네, 2016)을 읽었다. 읽을 때마다 구성이 정교해서 놀라고 묘사가 독특해서 놀란다. 이야기는 비극적이지만, 비극에서만 발견할 수 있는 날카로운 빛살이 있다. 그 빛살은 우리에게 쏟아지면서 궁극적으로 우리 자신이 누구인지 묻는다. 신분 제도와 가부장제 등 크고 굳건한 것 앞에서 개개인은 작고 허약할 수밖에 없다. 하지만 작다고 해서 존재하지 않는 것은 아니다. 그 안에 모여 사는 작은 것들이 없는 한, 큰 것의 의미도 사라진다.

　큰 것 앞에서는 으레 압도당하고 고개 숙이게 되고 몸을 낮추게 된다. 관습과 종교 앞에서 우리는 위축된다. 큰 것이 되기까지의 시간은 믿음 없이 축적이 불가능하다. 믿음은 편견으로

둔갑해 개인의 자유를 제약하기도 하고 때때로 폭력이 되기도 한다. 사랑을 가로막기도 하고 원하는 곳에 발 들일 수 없게 만든다. 사람은 큰 것 앞에서 속절없이 무너져내린다. 큰 것을 꿈꾸고 높은 곳을 바라보며 사는 삶이 빡빡한 것도 이 때문일 것이다. 늘 스스로를 몰아붙이는 긴장 상태에 놓여 있을 수밖에 없다.

반면, 작은 것을 보면 우리는 다가가고 그것과 교감하기 위해 마음을 열어젖힌다. 길가에 피어 있는 꽃을 보면 들여다보게 된다. 꼬리를 흔들며 다가오는 개를 보면 절로 웃음이 난다. 나무 아래서 나뭇잎과 나뭇가지 사이를 비집고 쏟아지는 햇살을 바라보고 있노라면 가슴속에서 어떤 것이 피어오르는 게 느껴진다. 이력서나 자기소개서에 쓸 수 없는 일이지만, 그 순간의 중심에 있었던 나는 안다. 그게 얼마나 충만한 경험이었는지, 그 순간의 전후에 나는 어떻게 변화했는지. 작은 것들의 반짝임처럼, 그 반짝임이 모이고 모여 일어나는 기적처럼.

얼마 전에 김현 시인을 만났다. 그는 매해 새해 계획을 세우곤 하는데, 작년의 계획을 듣는 순간 웃지 않을 수 없었다. "늦잠을 더 자주 자고, 야식을 종종 먹고, 줄넘기를 하다 중도에 포기하고, 마감 같은 거 일주일씩은 늦을 것, 짝꿍에게는 더 징징

대고 인간관계는 더 복잡해질 것. 그러니까 마음을 다해 대충 살 것." 그리고 그는 작년 계획의 상당수를 달성했다고 했다. 현장에서는 그냥 웃어넘겼지만 잠들기 전에 그 계획들이 자꾸 떠올랐다. 거창하지 않지만, 우리가 살아 있음을 느끼고 사람임을 자각하는 순간들은 다 저기에 있었다.

그는 작은 것들이 가져다주는 활력을 아는 사람이었다. 동시에 작은 계획을 달성했을 때 찾아오는 기쁨을 외면하지 않는 사람이었다. 줄넘기를 하는 것도 계획이지만, 그것을 하다 중도에 포기하는 것도 계획이다. 어떤 일을 진득하게 수행하는 것도 사람이지만, 싫증을 느끼거나 끈기가 부족해서 그 일을 그만두는 것도 사람이다. 그는 사람의 계획을 세우고 그것을 달성하며 사람의 삶을 살고 있었다. 일상에서 해낼 수 있는 것들을 계획으로 삼는 일은 거창하지는 않아도 근사하다. 스스로를 긍정하는 사람만이 할 수 있는 일이기도 하다.

김현 시인의 계획을 곱씹으며 나는 올해 나의 계획을 세우기 시작했다. 병상에 있는 아빠와 자주 눈 마주치기, 엄마가 지치지 않게 옆에서 웃겨드리기, 친구들에게 좋은 일이 생기면 기꺼이 축하하고 슬픈 일이 생기면 마음 다해 위로하기, 매일 나만의 한 시간을 만들기, 지역에 있는 독립 서점에 찾아가기, 새로운 길로 산책하기, 틈틈이 메모하기, 작고 여리고 하늘하늘한 것들을 눈여겨보기, 그것들이 내는 소리에 귀기울이기…… 항목들을 적고 나자 피식 웃음이 났다. 어떤 계획은 성과가 눈에 보이지 않을 것이다. 그래도 괜찮다. 그 시간들이 나를 생생하게 만들어준다는 것을, 적어도 나는 알기 때문이다.

책을 읽다가 밑줄이 그어진 부분을 발견했다. "너무나 명백히 있기에 누구도 알아차리지 못했다." 명백한 것들 앞에서 사람들은 의심하기를 멈춘다. 당연한 것은 자극이 되지 못하므로. 그러나 스스로가 명백해지는 순간은 얼마나 소중한가. 그 순간이 살아가야 할 이유가 되기도 한다. 내 명함에는 이렇게 적혀 있다. "이따금 쓰지만 항상 쓴다고 생각합니다. 항상 살지만 이따금 살아 있다고 느낍니다." '이따금'이라서 더욱 소중한 순간을, '항상'이라서 지나치기 쉬운 순간을 심신에 열심히 새겨야겠다. 작은 것들이 내 삶의 물꼬를 터주는 상상을 해본다.

작고 여리고 하늘하늘한 것들을 통해 내년 이맘때쯤 나는 더 유연해져 있을 것이다. (1월 15일)

쓰고 있었어

 카페에 앉아 책을 읽고 있었다. 헐레벌떡 들어온 한 사람이 기다리던 사람에게 물었다. "뭐 하고 있었어?" 곧바로 대답이 튀어나왔다. "시간을 쓰고 있었어." 순간, 귀를 의심했다. 시간을 쓰고 있다니, 평소에 잘 쓰지 않는 표현을 듣고 온 신경이 그 자리에 쏠리고 말았다. "시간을 어떻게 썼는데?" 내 마음을 꿰뚫기라도 한 듯 들어온 사람이 물었다. 기다리던 사람이 방긋 웃으며 읽고 있던 책을 번쩍 들어 보였다. "시간 잘 썼네." 대화가 오가는 동안, 주변에는 온기가 감돌았다.

 얼마 후 나는 독서에 집중하기 어려워 자리에서 일어났다. 어수선한 분위기 탓은 아니었다. "시간을 쓰고 있었어"라는 말이 계속 귓가에 맴돌았기 때문이다. 카페에 들어오기 전까지 시간은 나와 상관없이 흘러가는 것이었다. 나 자신과 시간이 분리된 것으로 인식하고 있었는데, 그 말을 듣자마자 나는 시간을 소유한 사람이 되었다. 소유하고 있지만 그것은 손으로 단박에 움켜쥘 수 있는 게 아니었다. 가만있어도, 집중해서 어떤 일을 해도 지금 이 시간은 곧 사라지고 말 것이다. 읽고 있던 책은 여전히 똑같은 페이지였다.

시간을 잘못 썼다고 자책하며 문을 힘껏 밀어젖혔다. '허비하다'라는 단어가 문득 떠오르기도 했다. 헛되이 쓴 시간은 어디로 가는가. 그렇다면 잘 쓴 시간은 또 어디로 가는가. 누군가는 대수롭지 않게 지나치고 말 지금 이 시간이 다른 누군가에게는 일생일대의 기회일지도 모른다. 우리는 모두 지금을 살고 있지만, 지금의 무게는 각자 다 다를 것이다. 그 무게는 진행하고 있는 일의 중압감, 함께 있는 사람과의 친밀도, 과거에 대한 미련과 미래에 대한 기대 등이 뒤섞여 결정될 것이다. 갑자기 어깨가 무거웠다.

돌아오는 길에는 쓰는 일에 대해 생각했다. 나는 지금까지 재화를 쓰는 일에만 신경을 기울이고 있었다. 서점에서 책을 사고 카페에서 커피를 마시는 일은 돈을 쓰는 일이었다. 그때, 시간은 책이나 커피와 함께 따라오는 것이었다. 경험의 중심에는 언제나 시간이 있었다. 시간을 쓰지 않으면 경험치도, 지식도, 지혜도 쌓일 수 없었다. 항상 있었기 때문에 그것이 있다는 사실을 미처 깨닫지 못했던 셈이다. 지금이 몇 시인지 시각에만 연연한 나머지, 그것을 아우르는 시간의 존재에 대해 까맣게 잊고 있었다.

시간을 쓰는 일은 시간을 들이는 일이기도 하다. 할 수 있는 여러 가지 일 중 하나를 고르고 그 시간 안에 나를 담는 일이다. 여가인 경우, 시간은 내가 쓰기 나름이므로 이때는 시간에 가담하는 것이 된다. 시간과 같은 편이 되어 좋아하는 일을 할 수도 있다. 산책을 하고 전시장에 가고 친구를 만나 요즘은 시간을 어떻게 쓰고 있는지 대화를 주고받을 수도 있다. '보이는 나'가 감히 할 수 없었던 일들을 수행하기도 한다. 남몰래 춤을 배우고 만화책을 잔뜩 빌려와 키득거리며 밤새 읽을 수도 있다. 무엇이 되었든 '진짜 나'를 찾는 일이다.

자기가 좋아하는 일을 할 때 시간은 그 사람을 둘러싸는 것이 아니다. 그 사람 스스로 그 안으로 들어가는 것이다. 그러므로 쓰는 일에는 늘 신중해야 할 것이다. 돈을 쓰는 일보다 마음을 쓰는 일에, 그 마음을 고이 담아 시간을 쓰는 일에. 시간을 잘 쓰면 그 시간이 기억으로 남기도 한다. 그런 점에서 근래에 아빠를 그리워하며 쓰는 시간은 참으로 귀하다. 아빠와 함께 산책하던 근린공원을 걸어갈 때마다 옆에 누가 있는 것 같은 생각이 드는 것이다. 외출할 때는 혼자였지만 귀가할 때는 매번 둘이 손을 맞잡고 돌아온다.

나는 아빠가 앉곤 하던 벤치를 그냥 지나치지 못한다. 벤치에 앉아 콧노래를 흥얼거리기도 하고 그때 미처 하지 못한 말을 건네기도 한다. 아빠와 함께하던 사계절의 색깔과 냄새를 기억하고 있어서 실로 다행이다. 아빠가 이름을 알려준 참빗살나무와 옥잠화를 발견하면 그윽한 눈으로 바라본다. 말없이 올려다보던 하늘에 오늘도 어김없이 달이 떠 있었다. 거기에는 우리가 함께 보낸 시간도 있었다. 여름과 가을이 되면 꽃들이 추억을 상기하듯 다시 피어날 것이다. 기억을 추억으로 만드느라 달은 매일 밤 떠오를 것이다.

쓰는 일에 대해 골몰하니 시간이 참 잘 갔다. 오래간만에 시간을 참 잘 썼다는 생각이 들었다. 잘 쓴 시간은 머잖아 단단한 기억이 되어, 뭉클한 추억이 되어 돌아올 것이다. (2월 19일)

친애하고,
친애하는

　백수린의 『친애하고, 친애하는』(현대문학, 2019)에는 세 명의 주인공이 등장한다. 나와 엄마, 그리고 엄마의 엄마. 이 소설은 삼대三代 여성들의 목소리를 통해, 그들이 여성으로서 해당 시기를 어떻게 통과했는지를 잘 보여준다. 지금까지의 삶은 신산하기 이를 데 없지만, 엄마들은 딸이 앞으로 살아갈 삶은 훨씬 더 나았으면 한다. 나와 같지 않은 삶을 꿈꾸는 일은 나의 삶을 돌이켜보지 않으면 불가능한 것이다.

　비단 엄마와 딸 사이뿐만 아니라 많은 관계에서 감정은 평면적이지 않다. 좋으면서도 싫고 한없이 고마워하면서도 못내 서운하고 사랑하면서도 틈틈이 미워한다. 이 모순된 감정들은 방패로 칼을 찌르는 것만큼이나 이상하지만, 우리는 어찌어찌 그 상황을 모면하면서 나이를 먹는다. 나이를 먹는다고 해서 뾰족한 수가 생기는 것은 아니다. 관계는 단출해졌을지언정, 그 관계 속에는 이미 역사가 축적되어 있기 때문이다. 둘 사이에서 있었던 일들을 복기하면서 '그땐 그랬지'라고 말할 수는 있지만, 굳이 이전을 톺아보는 대화를 시도하지는 않는다. 모르는 게 마음 편하기 때문이다.

가족이라서 서로 더 잘 이해해야 한다는 강박이 있는 것도 사실이다. 특정 상황에 처했을 때 응당 해야 하는 일, 말하지 않아도 알아서 해야 하는 일도 있다. 그러나 가족이어서 더 말 못하는 일도 있고 가족이기 때문에 애써 숨겨야 하는 일도 있다. 다른 이들에게는 해프닝으로 끝날 일이 가족에게는 자국으로 남기 때문이다. 그 자국은 불에 덴 자리처럼 바라볼 때마다 무언가를 환기시킨다. 예전에 있었던 일, 그때 들었던 그 말을 떠올리게 만든다. 우리는 거의 매일, 남겨진 자국을 바라보며 동시에 새로운 자국을 내고 있다.

소설 속에서 할머니는 손녀에게 이렇게 말한다. "봐라, 인아야. 세상엔 다른 것보다 더 쉽게 부서지는 것도 있어. 하지만 그것은 누구의 잘못도 아니야. 그저, 녹두처럼 끈기가 없어서 잘 부서지는 걸 다룰 땐 이렇게, 이렇게 귀중한 것을 만지듯이

다독거리며 부쳐주기만 하면 돼." 관계도 마찬가지다. 결이 안 맞는다고, 취향이 다르다고 외면하기 일쑤였던 나 자신이 떠올라 얼굴이 화끈거렸다. 나 또한 쉽게 부서지는 사람, 취약한 사람이어서 내게 적대적인 사람을 만나면 온몸이 굳어버렸다. 그럴 때면 관계를 낫게 만들어야겠다는 생각조차 들지 않았다.

오랫동안 알아왔는데도 단둘이 남겨지면 어색한 사이가 있다. 나는 지금껏 그런 순간을 피하려 잔머리를 굴리던 사람이었다. 화장실에 가야 한다고, 전화할 데가 문득 떠올랐다고 말하며 잠시 자리를 뜨기도 했다. 어색한 분위기를 조금이나마 낫게 하려고 실답지 못한 소리를 하는 때도 있었다. 가족에게는 정반대로 행동했다. 가족이라는 이유로 가감 없이 튀어나오는 말들 중 상당수가 실언이었다. 이해받으려고만 했지 정작 이해하려고 노력하지는 않았다. 녹두전은 번번이 부서졌다.

친애한다는 것은 친밀히 사랑한다는 것이다. 친밀한 사이, 그러니까 매우 가까운 사이가 되는 일은 상대를 궁금해하는 데서 출발한다. 친밀함이 친애함으로 가닿기 위해서는 상대를 헤아리는 자세가 필요하다. 그 사람이 여기까지 오기 위해 어떤 일들을 겪었는지 귀담아들어야 한다. 누군가를 친애하기 위해서는 노력이 필요한 것이다. "이렇게, 이렇게" 토닥이며 관계를 노릇노릇하게 만들어야 한다. 이는 서로 좋은 말만 주고받아서는 형성되기 어렵다. 상대의 못난 점이나 부족한 점까지 내가 받아들여야 관계는 다음 단계를 맞이할 수 있다.

  백수린은 소설 제목에 '친애하다'라는 동사를 두 번 썼다. "친애하고"와 "친애하는" 사이에는 다름 아닌 쉼표가 있다. 나는 그 쉼표를 오랫동안 바라보았다. 사랑하기 위해서, 마침내 친애하기 위해서 들이쉬는 심호흡에 대해 생각한다. 그것은 참는 태도인가, 이해하기 위한 안간힘인가. 누군가를 친애한다고 말할 때, 그 말에는 빽빽한 쉼표가 담겨 있을 것이다. 내 안에 상대를 아로새기는 작업은 하루아침에 이루어지지 않는다.

  조만간 고향에 가서 엄마에게 물어봐야겠다. 엄마의 인생에 대해 들어둬야겠다. 엄마 인생에 촘촘히 난 자국들을 헤아리며 고백해야겠다. 엄마를 친애한다고. 친애하고, 친애한다고. (3월 19일)

기억은 '다시'의 마음을
불러일으킨다

　세월호 참사가 일어난 지 꼭 오 년이 흘렀다. 당시 나는 미디어를 통해 전원 구조 속보를 접한 뒤 놀란 가슴을 쓸어내렸다. 사고가 나자마자 재빨리 대처해 승객을 구해내는 '그런 나라'에 산다는 사실에 우쭐한 사람도 있었을 것이다. 그러나 해당 뉴스가 오보였다는 사실을 알고 우리의 낯빛은 점점 어두워졌다. 전원이 구조되었다가 수백 명에 이르는 사람이 순식간에 실종자 상태가 되었다. 사는 곳과 상관없이 우리는 한동안 팽목항에 마음을 보냈다.

　당시 대한민국에 만연한 감정은 무엇이었을까. 그것을 단순히 슬픔이라는 단어로 통칭하기는 어려울 것 같다. 이는 오히려 비탄이나 통탄에 더 가까웠던 것 같다. 시간이 흐르면서 슬픔은 점점 더 구체화되었다. 놀람은 어처구니없음으로, 무기력은 분노로 바뀌었다. 비탄은 어이없음을 동반한다는 점에서 슬픔과 다르다. 아직까지 비탄이 가시지 않은 데는 제대로 된 수사가 이루어지지 않았다는 점도 한몫하고 있다. 지난달 사회적참사특별조사위원회가 세월호 폐쇄회로 TV 관련 증거자료가 조작·편집된 정황을 밝히면서, 전면 재수사를 요구하는 목소리도 높아지고 있다. '세월호 참사 특별수사단' 설치를 촉구하는 움직임도 활발하다.

안산에 있는 4·16 기억저장소에서 유가족들은 아직도 울고 있다. 참사 당시와 진상 규명 투쟁을 할 때보다 기억할 수 있는 시간이 늘어났으니, 애써 억눌러왔던 감정이 폭발하기도 할 것이다. 무엇보다 상실감은 해결될 수 있는 성질의 것이 아니다. 그것은 늘 사람의 속에 있다가 느닷없이 사람을 무력화시키기 때문이다. 길 가다 거센 바람이 불 때, 현관의 센서등이 갑자기 켜질 때, 무슨 징조처럼 나뭇잎 한 장이 손바닥 위에 떨어질 때, 소중한 이를 잃은 사람은 망연해진다.

그러므로 어떤 감정 앞에서는 '지겹다'고 말하면 안 된다. 슬픔이나 괴로움 앞에서 우리는 상대의 말에 집중해야 한다. 이는 사람이기 때문에 해야 하는 일이자 사람이라서 할 수 있는 일이다. 감정은 보통 시간이 흐르면서 옅어지지만, 반대로 밀도가 높아지기도 한다. 한없이 빽빽해져서 그 감정 이외의 다른 감정을 일상에 불러들일 의욕을 잃게 만든다. 코미디를 보며 웃기도 하고 벚꽃이 흩날리는 장면을 신기하게 바라보기도 하겠지만, 그마저도 어느 순간 더 큰 슬픔이 된다. 내가 웃었다는 사실 때문에, 어떤 것에 신기해했다는 사실 때문에 괴로움이 배가되는 것이다.

지난 주말, 영화 〈생일〉을 보았다. '생일 시'를 읽는 후반부 장면에서 관객들은 너나없이 울었다. 생일 시는 마치 옆에서 조곤조곤 들려주는 이야기 같다가 어느 순간에는 애간장을 저미는 편지 같았다. 이 시는 실제로 정혜신·이명수씨 부부가 기획한 세월호 유가족 생일 모임에서 낭독되었는데, 생일 시들은 한데 묶여『엄마. 나야』(난다, 2015)라는 책으로 출간되기도 했다. 시들은 학생의 육성을 통해 생생하게 전개되는데, 이는 이 책의 저자가 시인이 아닌 서른네 명의 단원고 아이들이기 때문이기도 하다.

기억은 힘이 세다. 기억 때문에 우리는 좌절한다. 아무리 애써도 기억은 쉬 지워지지 않기 때문이다. 좋지 않은 기억은 잊으려고 애쓰면 애쓸수록 더욱 선명해져서 섣불리 내일을 기대하지 못하게 만든다. 동시에 그 기억이라도 남아 있어서 살아갈 최소한의 힘을 얻기도 한다. 누군가를 그리워할 수 있다는 사실에 안도하는 것이다. 남은 자는 끊임없이 기억하면서 과거의 자리에 미래를 포갠다. 그렇게 기억은 '다시'의 마음을 불러일으킨다. 여전히 기억하고 다시 아파하겠다고 다짐하게 만든다.

김상혁의 시 「길은 어떻게든 다시」(『슬픔 비슷한 것은 눈물이 되지 않는 시간』, 현대문학, 2019)를 읽는다. "살아 있는 사람에게 길은 어떻게든 다시/소리…… 침묵…… 소리로 이어져 형은 다시/동생의 손을 잡고 개는 최고로 주인을 사랑하고/모든 자동차들도 무사히 집으로 돌아갔으면 한다." 남은 이들은 어떻게든 다시 살고 있다. 어김없는 일들 사이에서 더이상 예전과 같지 않은 일을 헤아리며 길 위에 소리와 침묵으로 이뤄진 발자국을 찍고 있다.

내년에도 4월 16일이 올 것이다. 4월은 슬픔으로 가득차 있지만, 여전히 기억할 수 있어서 다행이다. 다시 기억할 수 있어서 정말 다행이다. (4월 16일)

나의 스승은
도처에 있다

 내일은 스승의날이다. 기념일이 많은 5월은 으레 주변을 돌아보는 달이다. 기념일 때문에 지출이 크기도 하지만, 고마워할 사람이 있다는 게, 그들에게 마음을 표현할 수 있다는 게 다행이라는 생각도 든다. 기념일을 핑계로 '고마워요'나 '미안해요' 같은 고백과 '행복하세요'나 '건강하세요'와 같은 바람을 수줍게 전할 수 있으니 말이다. 사는 데 꼭 필요한 말인데도 저 말들을 할 때면 오스스 소름이 돋는 이유는 무엇일까. 슬프게도 지금껏 어떤 스승도 그 이유를 알려준 적이 없다. 어떤 것은 살면서 스스로 깨우쳐야 한다.

 언제부터인가 스승의날이 다가오면 마음이 무거웠다. 평소 연락을 드리지 않다가 기념일을 핑계로 전화하는 나 자신이 한없이 작게 느껴졌다. 게다가 "선생님, 스승의날이라 연락드렸습니다" 같은 말을 뻔뻔하게 건넬 만큼의 내공도 없다. 그마저도 몇 년 전부터는 전화를 하지 않는다. 지레 겁을 먹는 나 자신이 부끄러워서다. 전화기를 쥔 손은 파들파들 떨린다. 머리는 연신 조아린 채다. 스승들은 나를 혼내지 않을 것이다. 외려 기운을 북돋워주실 것이다. 그런데도 전화를 걸기 전부터 나는 말을 더듬고 있다.

  스승은 대화의 맥이 끊길 때쯤 질문을 던질지도 모른다. "잘 지내지?"나 "건강하지?"와 같은 심상한 질문을. 심상한 질문인데 내게 그것은 심상치 않게 다가온다. 뜨끔해서 그렇다. 내가 잘 지내지 못하고 있다는 것을 스승이 간파한 것 같아서, 건강을 뒷전으로 생각하고 생활하는 나를 들킨 것 같아서. "잘 지내야지요"나 "건강이 중요하다는 사실을 새삼 깨닫고 있습니다"와 같은 대답으로 국면 전환을 해야 하는데, 이미 나는 얼어붙었다. 정곡을 찔린 나를 떠올리며 수화기 저편에서 스승은 웃고 있을 것이다.

  얼마 전 김병익 선생님의 산문선 『인연 없는 것들과의 인연』(이른비, 2019)을 읽었다. 매 글 뒤에는 추신이 덧붙어 있다. 그것은 이미 지나간 것을 여기로 다시 소환하는 일, 지금에 와서 옛 기억을 애타게 더듬는 일일 것이다. "무연한 것들에 대한 나의 기억이여, 앞으로 남은 것보다 지난 기억이 훨씬 많아진 나는 이제 그것들에, 따뜻한 안녕의 인사를 보낸다." 이 문장 앞에서 나는 겸허해진다. 무연한 것, 그러니까 아무 인연이 없는 것에게 나 또한 많은 빚을 지고 있다는 생각이 든다.

인연이 닿은 존재와 무연한 존재를 그러모으기 시작한다. 그것들을 떠올리는 것만으로도 스승의날 하루가 모자랄 것이다. 옆에서 나를 자극하는 존재를 생각한다. 아무리 바빠도 곁을 살펴야 한다는 엄마의 말씀, 힘들 때는 신호를 보내야 한다는 아빠의 말씀이 떠오른다. 무연하기에 진한 여운을 남긴 존재도 있다. 어떤 산책길은 길을 잃을지도 모른다는 불안감과 길을 낼 수도 있을 것 같다는 기대감을 다 갖게 해주었다. 지난 기억과 앞으로 남은 것의 무게가 수평을 이루는 순간을 떠올리니 아찔하다. 나이를 먹어도 스승은 필요할 것이다.

스승은 "자기를 가르쳐 이끌어주는 사람"을 뜻한다. 가르치는 현장에 꼭 교단과 칠판이 있을 필요는 없다. 이끌어주는 일이 꼭 우물 앞까지 함께 가는 것을 뜻하지는 않는다. 여기서 중요한 것은 다름 아닌 '자기'다. 나를 가운데에 두고 바라봐야 '예전의 나'를 '지금의 나'로 만들어준 존재가 보인다. 앞으로도 무수한 사람이 나를 스쳐갈 것이다. 그보다 더 무수한 순간이 있을 것이다. 어떤 순간은 한참 뒤에야 뾰족한 섬광처럼 다가올 것이다. 아직 만나지 못한 스승으로 인해 '나중의 나'는 조금 달라져 있을 것이다.

궁금해하는 사람들, 궁금증을 해소하기 위해 애쓰는 사람들, 궁금함을 주변에 나누는 사람들이 내게는 모두 스승이다. 궁금함을 유발하는 생물과 무생물 또한 스승이다. 궁금해함으로써 삶의 실마리가 생기고 내일의 이유가 좀더 분명해진다. 나의 스승은 도처에 있다. 그들 모두에게, 하나하나에게 고마움을 전한다. 덕분에 여기까지 왔다. 여기에서 거기로 나아가지 못하더라도, 나는 오늘을 잊지 않으리라. 여기를 똑똑히 기억하리라.

무수한 스승 덕에 이 글을 쓸 수 있다. 손끝에 힘이 들어간다. 손을 뻗어도 가닿을 수 있는 범위는 정해져 있다. 허나 손끝의 굳은살은 지금 이 순간의 밀도를 기억할 것이다. 그 생각을 하니 좀더 단단해지는 것 같다. 스승의 가르침이다. (5월 14일)

익숙하면서도
어색한 감각

길에서 우연히 친구를 만났다. 그렇게 가깝다고 말할 수는 없는 친구지만 마냥 반가웠다. 친구도 어떤 감정이 물밀었던 모양이다. 악수를 청하기 위해 손을 뻗으며 친구는 물었다. "어떻게 먹고사니?" 친구의 말은 우리를 둘 다 기쁨과 당황 속으로 밀어넣었다. 친구는 아마도 "잘 지내지?"나 "어떻게 지내?"라고 묻고 싶었을 것이다. 잠깐의 정적이 흐르고 우리는 길 위에서 한바탕 사이좋게 웃었다.

집에 오는 길에 어떻게 먹고살고 있는지 생각해보았다. 요새 내가 하고 있는 일은 크게 네 가지다. 대학교에서 학인들과 배움을 나누는 일, 격주마다 도서 팟캐스트를 진행하는 일, 매일 오후 생방송으로 진행되는 시사 프로그램에 일주일에 두세 차레 출연하는 일, 그리고 읽고 쓰는 일. 어떤 일은 나의 생활을 가능하게 해주는 일이고 또다른 어떤 일은 하지 않으면 안 되는 일이다. 하지 않으면 안 된다는 것은, 그 일을 할 때 비로소 내가 나로 살고 있다고 느끼기 때문이다.

공통점이 있다면 이 모든 일이 어색하다는 점이다. 시작한 지 얼마 안 돼 어색한 일도 있고 오래되었지만 여전히 어색한 일도 있다. 몸담은 지 얼마 안 된 일은 늘 어색하지만, 더 큰 문제는 도무지 익숙해지지 않을 것 같은 불안에 있다. 남들 앞에서 말하고 의견을 피력하고 어떤 물음에 답하는 일, 답하면서 다음에 내가 던질 질문을 헤아리는 일, 이 일 앞에서 나는 보통 작은 상태로 존재한다. 종종 위축되는 것은 물론 겉으로 웃고 있을 때조차 속은 땀범벅이다. 대학에서의 강의, 팟캐스트 〈책읽아웃〉 진행, 그리고 JTBC 〈시사토크 세대공감〉 출연 등은 신출내기의 어색함이다.

익숙해질 법도 한데 늘 처음 같은 일도 있다. 바로 읽고 쓰는 일이다. 이 일 앞에서 나는 때때로 묻는다. 실력이 늘지도 않고 적응이 되지도 않는데, 나는 왜 이 일을 계속하고 있을까. 왜 읽지 않으면, 쓰지 않으면 견딜 수 없을까. 이십여 년 가까이 썼는데 왜 아직도 백지는 나를 새하얗게 질리게 만드는가.

어색함은 으레 어려움을 동반한다. 이 어려움은 나를 얼어붙게 만든다. 얼어붙게 만듦으로써 역설적으로 나를 생생하게 한다. 나는 지금 긴장하고 있구나, 머릿속에서 떠올린 대로 문장을 쓰지 못하고 있구나. 시간은 너무 빨리 흐르거나 너무 늦게 흐르는 것 같다. 그 시간에는 내가 없는 것 같다.

  어색한 일은 맞지 않는 옷처럼 몸을 쭈뼛하게 만든다. 평소의 여유로운 내 모습이 좀처럼 나타나지 않는다. 대신 나도 몰랐던 나를 만날 수 있다. 나도 몰랐던 나를 만나기 위해서는 어떤 몰입이 필요하다. 신문을 애써 가까이해야 하고, 평소라면 지나쳤을 법한 기사에도 따뜻한 눈길을 주어야 한다. 한국문학사에 대해 공부해야 하고 책을 읽고 해당 저자에 대해 적극적으로 궁금증을 발휘해야 한다. 백지 앞에서 초연해지는 일도 필요하다. 그래야 나는 비로소 어떤 상태에 다다른다. 새로운 것을 받아들이고 그것을 소화하겠다는 마음이 생긴다.

  방송에 익숙해지는 내 모습을 상상하기 힘들다. 조리 있게 말하고 여유로운 나머지 방송용 미소로 씩 웃기도 할 때, 나는 아마 스튜디오에 없을지도 모른다. 익숙한 일 앞에서는 마음이 동하지 않으므로, 몸이 움직이지 않으므로. 팟캐스트를 들을 때마다 아직도 갈 길이 멀었음을 인정할 수밖에 없다. 나는 아직도 긴장하거나 흥분하면 말의 속도가 빨라지고 특정 발음을 뭉개버리기 일쑤다. 매번 출연하는 게스트가 다르니 그에 맞춰 나의 몸과 마음을 만들어야 한다. 누군가를 돋보이게, 빛나게 해주는 일은 기꺼움이 없으면 불가능한 것이다.

가끔은 살아 있다는 사실이, 내가 무언가를 보고 듣고 만질 수 있다는 사실이. 익숙하면서도 어색하게 느껴진다. 이 감각이 역설적이게도 나를 깨어 있게 해준다. 나는 편한 쪽에서 불편한 쪽으로 한 발짝 움직인다. 날숨 상태에서 들숨 상태로 기꺼이 몸 상태를 바꾼다. 그것은 새로운 것을 공부하겠다는 태도다. 나를 최대한 투명하게 만들고 외부의 자극을 받아들이겠다는 마음가짐이다. 어색함에 익숙해지겠다는 다짐이다.

삶은 익숙해지지 않을 것이다. 이 말은, 갖은 시행착오를 겪으며 나는 나에게 더 가까워질 것이라는 말이다. 나는 오늘도 어색함과 익숙함 사이에서 발을 동동 구르는 중이다. (6월 11일)

옷을 입는 것처럼
나는 매일 힘입는다

 메일을 한 통 받았다. "귀하의 노력에 힘입어……"로 시작되는 메일이었다. 의례적으로 보내는 것이었겠지만, 다 읽고 나니 유독 한 단어가 입에 남았다. 바로 '힘입다'였다. 활자로는 간간이 접했지만 입 밖으로 내어본 적은 한 번도 없는 단어였다. 힘있는 상태일 때는 굳이 다른 힘이 필요치 않다. 내 기세로 어떻게든 해낼 수 있을 것 같기 때문이다. 반면, 힘없는 상태일 때는 힘이 나로부터 떨어져 있는 것 같다. 그것을 빌리거나 합칠 수 있다고 느끼지 못한다.

 메일을 보낸 사람은 아마도 '힘입다'의 첫번째 뜻을 염두에 두고 썼을 것이다. "어떤 힘의 도움을 받다." 간절하게 부탁할 때의 마음은 아마도 이와 가까울 것이다. 그리고 그 힘이 어떤 효과를 발휘할 때 힘을 보탠 사람도 힘을 입은 사람도 행복할 것이다. 직접적인 도움과 맞닿아 있는 첫번째 뜻은 주로 긴박한 상황과 함께 쓰인다. 수해 지역에 성금을 보내고 복구 현장에 가서 이런저런 일을 할 때, 도움을 받는 사람은 힘입는다. 나와 나를 둘러싼 환경이 변화하고 있음을 직접적으로 목격할 수 있다. 가시적인 힘이다.

현장성이 두드러지고 전후의 상황 변화가 확연한 첫번째 뜻과 달리, '힘입다'의 두번째 뜻은 육안으로는 파악할 수 없다. "어떤 행동이나 말 따위에 용기를 얻다"라는 의미처럼, 힘을 입었다는 사실을 겉으로는 알 수 없다. 심지어 그것이 힘이 되는지조차 현장에서 가늠하지 못할 때가 많다. 이해나 응원이 그렇다. 어느 정도 시간이 지났을 때 그 힘으로 말미암아 내가 삶의 다음 국면을 맞이할 수 있었음을 깨닫게 된다. 이 힘은 다시 살아야 할 마음을, 잘 살아야겠다는 다짐을 이끌어내기도 한다. 기적을 일으킬 수도 있는 힘이다.

'힘입다'의 세번째 뜻은 "어떤 것의 영향을 받다"다. 행사에 가면 주인공을 돋보이게 해주는 존재가 있다. 주로 사회자가 그 역할을 맡곤 하는데, 사회자의 역량에 따라 주인공의 매력이 한껏 발산될 수도 그렇지 못할 수도 있다. 사회자가 본분을 망각하고 자신을 드러내는 데 열중한다면, 주인공이 힘입는 것은 불가능하다. 마치 보색 대비처럼 말이다. 보색을 서로 섞으면 무채색이 되지만, 하나를 배경으로 다른 색이 놓이면 더 뚜렷이 보인다. 빨간색과 청록색, 남색과 노란색, 녹색과 주황색처럼 말이다. 이는 누군가를 힘입게 하기 위해서는 자신이 지닌 힘을 내려놓아야 함을 뜻한다. 북돋우는 힘이다.

그날 밤, 누군가에게 보내는 메일에 '힘입다'라는 단어를 썼다. 고마움을 전하려 쓰기 시작한 메일이었는데, 저 단어를 사용하니 그 사람이 내게 써준 마음이 좀더 선명해졌다. 동시에 내가 얼마나 많은 존재에게 힘입고 있는지 돌아보게 되었다. 부모님의 지원에 힘입어 나는 부족함 없이 자라날 수 있었다. 친구들의 응원에 힘입어 넘어져도 다시 일어날 수 있었고 동료들의 격려에 힘입어 이때껏 글을 쓸 수 있었다. 독자들의 성원에 힘입어 몇 권의 책을 낼 수 있었다. 지인들의 도움에 힘입어 어려운 시기를 견뎌낼 수도 있었다. 그리고 신문사에서 내게 내어준 지면에 힘입어 나는 지금 이 글을 쓰고 있다.

다음날 아침, 현관문을 두드리는 소리에 잠이 깼다. "택배 왔습니다." 주문한 책들이 온 모양이었다. 내가 사는 곳은 사층 건물의 사층이다. 승강기도 없고 계단도 제법 가파르다. 무더위가 기승을 부리는지 기사님의 이마에는 아침부터 땀방울이 송골송골 맺혀 있었다. "번번이 고맙습니다. 주스 한잔 드시고 가세요." 갈증이 심했는지 기사님은 주스를 벌컥벌컥 들이켰다. 이마의 땀방울을 훔치며 환히 웃는 모습을 보고 힘입는 몸과 마음에 대해 생각했다. 그 미소에 힘입어 하루를 상쾌하게 보낼 수 있었다. 누군가에게 웃음을 줄 수 있는 사람은 힘있는 사람이라는 생각이 들었다.

  옷을 입는 것처럼, 나는 매일 힘입는다. 철에 맞는 옷이 따로 있는 것처럼, 사는 데는 알록달록한 힘이 필요하다. 꼭 커다랗지 않아도 된다. 자잘해도, 즉각적인 반응을 이끌어내지 않아도 그 힘은 공기처럼 나를 감싼다. '힘입다'라고 소리 내어 발음해본다. 무엇보다 힘을 옷처럼 입을 수 있다니, 꼭 슈퍼맨이나 배트맨의 슈트처럼 근사하지 않은가.

  자주 입고 자주 입히고 싶은 말이다, 힘입다. (7월 9일)

더도 말고
덜도 말고
덜어야 한다

식당에서 늦은 점심을 먹는데 옆 테이블에서 이런 말이 들려왔다. "다 못 먹겠으면 좀 덜어." 상냥하지만 단호한 말투였다. 어른 하나와 소년 둘이 식사를 하고 있었다. 그 말에 한 소년은 부리나케 밥을 덜었다. 밥을 던 소년이 가지런한 이를 드러내며 활짝 웃었다. 밥을 덜고 나니 마음의 짐도 덜어진 모양이었다. 다른 소년은 밥을 덜지 않았다. 묵묵하게 숟가락으로 밥을 뜨고 젓가락으로 반찬을 집었다. "다 먹었다!" 밥을 던 소년이 신나는 목소리로 말했다. 밥을 덜지 않은 소년의 손놀림이 빨라지기 시작했다.

내 밥그릇을 보니 아직도 절반 넘게 밥이 남아 있었다. 분명 주문할 때는 허기졌는데, 막상 음식이 나오니 배고프지 않았다. 오늘 첫 끼니야, 더위에 지치지 않기 위해서라도 먹어야 해, 김치가 맛있게 잘 익었네…… 스스로에게 주문을 외며 꾸역꾸역 먹었다. 옆 테이블의 흔적은 사라진 지 오래였다. 억지로 밥을 먹은 게 결국 탈이 났다. 오후의 일정을 소화하다가 여러 번 배를 부여잡고 인상을 찌푸렸다. 음식물을 소화하지 못하면 주어진 일을 소화하기 힘들다.

다음날 친구와 함께 간 식당에서는 고봉밥이 나왔다. 눈이 휘둥그레졌다. 얼른 밥을 덜어 친구에게 주었다. 먹성이 좋은 친구는 고맙다고, 이것밖에 안 먹어도 괜찮겠느냐고 잇달아 말했다. 요새 소화가 잘되지 않는다고 말하자 초록색 채소를 많이 먹으라고 했다. 고깃점을 든 채 그 말을 하니 이상했지만, 기분 좋게 웃었다. 더하는 게 필요할 때가 있고 더는 게 필요할 때가 있음을 알았다. 친구는 배가 고프고 식욕이 왕성하다. 내가 던 무언가가 누군가에게 도움이, 덤이 될 수도 있는 셈이다.

바깥에 나오니 길에서 음악이 흘러나오고 있었다. 전인권이 부른 〈돌고, 돌고, 돌고〉였다. "우는 사람 웃는 사람/서로 다르게 같은 시간 속에/다시 돌고 돌고 돌고"라는 가사를 듣고 나도 모르게 웃음이 나왔다. "돌고 돌고 돌고"가 흡사 "덜고 덜고 덜고"로 들렸기 때문이다. 웃는 사람이 자신의 것을 덜어주면, 동시에 우는 사람이 자신의 고민을 덜어내면서 사이좋게 웃을 수 있을 것이다. 같은 시간 속에서 서로 다른 이유로 좋을 것이다.

몸의 짐을 덜면 어깨가 가뿐해진다. 밥을 함께 먹은 친구는 여행을 좋아하는데, 떠날 때 배낭을 최대한 가볍게 만들어야 한다고 했다. 그래야 더 오래 걸을 수 있다는 것이다. 그래야 더 많이 보고 듣고 느낄 수 있다는 것이다. 비로소 여행을 만끽할 수 있다는 것이다. 짐을 더는 만큼 시간이 더해진다고 생각하니 근사했다. 몸의 짐은 마음에도 영향을 끼친다.

마음의 짐을 덜면 걸음이 경쾌해진다. 눈앞에 처리해야 할 일이 없으니 콧노래가 절로 나온다. 코앞에 닥친 위기를 극복할 필요가 없으니 느긋하게 기지개를 켤 수 있다. 원치 않은 일에 개입하게 되었을 때, 부탁을 거절하지 못하고 벅찬 제안을 받아들였을 때, 하고는 싶지만 잘할 수는 없는 일을 맡게 되었을 때, 마음은 천근만근 무거워진다. 그 마음으로 착수하는 일에 몸이 기민하게 반응할 리 없다.

더도 말고 덜도 말고 덜어야 한다. 그래야 일상이 서서히 드러나기 시작한다. 빽빽해서 빛살 한 점 들이치지 못했던 일상이 비로소 생기를 얻는다. 더는 일은 비우는 일이기도 하다. 나를 옥죄고 위협하고 지우려 하는 것들을 덜어내야 내가 정말 무엇을 원하고 있는지 알 수 있다. 비어 있는 상태여야 채울 것이 보이기 때문이다. 나한테 절박한 것이, 꼭 필요한 것이.

먹은 것이 채 소화되지 않은 상태거나 특정 식재료를 소화할 수 없는 몸에는 값비싼 음식물조차 독이 될 수 있다. 마찬가지로 맡은 일을 소화하지 못했는데 새로운 일에 뛰어드는 것도 심신에 과부하를 일으킨다. 어떤 감정이 소화되지 않은 상태에서 누군가를 쾌히 만나고 무언가를 척척 만드는 일도 어렵다. 그때 필요한 것이 다름 아닌 더는 일이다. 더는 버틸 수 없을 때에는 능동적으로 덜기 시작해야 한다. 일을, 계획을, 주변 사람들을.

더는 일은 나를 응시하는 좋은 기회이기도 하다. 남에게 폐 끼치지 않으면서, 때로 도움을 주기까지 하면서 스스로에게 가까워질 수 있는 셈이다. 담을 때가 아니라 덜 때 내가 잘할 수 있는 일, 내가 정말 하고 싶은 일이 보인다. 기꺼이 더는 사람이 되어야겠다. (8월 6일)

울어도 괜찮아

 한 아이가 뛰다가 넘어졌다. 쿵 소리가 들렸다. 반사적으로 달려가 아이를 일으켰다. 아이의 손바닥에서 피가 흐르고 있었다. 아이와 눈이 마주쳤다. "괜찮아? 괜찮아." 괜찮으냐고 묻는 건지, 괜찮다고 위로하는 건지 나도 모르게 말을 쏟아냈다. 아이의 두 눈에 그렁그렁 눈물이 차올라 있었다. 금방이라도 쏟아질 것 같았다.

 뒤편에서 갑자기 "울지 마!"라는 말이 들려왔다. 날카로운 음성이었다. 뒤를 돌아보니 아이의 아버지처럼 보이는 사람이 이쪽을 향해 성큼성큼 걸어오고 있었다. 아이는 눈을 감았다. 감은 양쪽 눈에서 눈물이 흘러내렸다. 아이는 소매를 들어 눈을 훔쳤다. 울긴 했지만 울었다는 사실을 들키지 않으려고 했다.

집에 돌아오는 길에 이런 생각이 들었다. 아이는 울지 않은 것이 아니라 울지 못한 것은 아닐까. 아무도 없을 때 남몰래 더 크게 울지는 않을까. 제때 울지 못한 울음은 언젠가 다시 봇물처럼 터져나온다. 그때 흐르는 눈물은 누구도 어찌하지 못한다. 그 눈물 속에는 억울함과 섭섭함, 울지 못하게 만든 대상이나 상황에 대한 분노가 섞여 있기 때문이다.

문득 어릴 때 들었던 날 선 말들이 떠올랐다. 가령 '남자는 태어나서 딱 세 번 운다'나 '눈물이 헤프다' 같은 말들. 눈물이 솟구칠 때마다 두 손으로 두 눈을 가리게 했던 말들. 씩씩하지 못하다고, 참는 것을 연습해야 한다고 나를 다그치던 말들. 그때 참았던 눈물이 흘러나오는 상상을 하니 아찔했다. 저 말들은 이제 케케묵은 것이 되었지만, 사람의 마음에서 이끼처럼, 곰팡이처럼 피어올라 그를 옥죄기도 한다. 내면화가 이루어진 것이다.

그날 밤, 나는 책을 읽다가 울었다. 현직 의사 김선영이 쓴 『잃었지만 잊지 않은 것들』(라이킷, 2019)이라는 책이었다. 지은이는 종양내과 의사인데, 아버지를 암으로 일찍 떠나보낸 사람이기도 했다. 공교롭게 그가 근무하는 병원이 작년에 아빠가 항암 치료를 받은 병원이어서 첫 장을 읽을 때부터 목구멍으로

침을 삼켜야만 했다. '사실을 말하면서도 희망을 주는' 일을 동시에 수행해야 하는 의사의 고단함을 엿볼 수 있는 책이었다.

책에서 내 마음을 꿈틀거리게 만들었던 문장을 옮긴다. 단단하면서도 겸손한 저 문장들로 나는 큰 위로를 받았다. 눈물이 흘러나올 때마다 불끈 주먹을 쥐게 만들었다. 주먹 안에는 '울지 마'라는 타인의 목소리가 아니라, '울지 않을래'라는 내 목소리가 새겨 있었다. 울지 못하게 만드는 외부 기제가 아니라, 울지 않기로 마음먹은 나 자신이 담겨 있었다.

"병원에서 슬픔을 공부할 기회는 언제나 있지만, 그것을 일상에서 건져올리기는 쉽지 않다. 이것부터 시작하자. 죽음을 안다고 함부로 말하지 않는 것. 타인의 슬픔의 깊이는 내가 이해할 수 있는 언저리 너머 저 심연에 있음을 인정하는 것. 그리고 그것을 존중하는 것." 누군가가 슬플 때, 어설픈 위로를 던지기보다는 그 슬픔을 헤아려보는 자세가 소중하다. 어떤 이에게는 아무렇지도 않은 일이 다른 어떤 이에게는 일상을 유지할 수 없을 만큼 커다란 슬픔일 수도 있다.

'울지 마'라는 말에 대해 생각한다. 어느 때는 위로가 되고 어느 때는 폭력이 되는 말. 누군가를 성장시키기도 하고 그 자리에 영영 붙박아두기도 하는 말. 한없이 다정하면서도 더없이 편리한 '울지 마'라는 말. 실은 많은 말이 양날을 지니고 있다. 슬픔을 다스리기 위해 했던 말이 슬픔을 더욱 부풀리기도 하고, 참아왔던 울음의 기폭제 역할을 하기도 한다.

'울지 마'라는 말보다 '울어도 괜찮아'라는 말이 필요할 때가 있다. 아빠와 함께 거닐던 산책로를 혼자 걷다 눈물이 왈칵 쏟아진 날이 있었다. 한 발짝 한 발짝 걸을 때마다 눈물이 뚝뚝 떨어졌다. 그때 나는 울어도 괜찮다고, 울 수 있어서 실로 다행이라고 생각했다. 눈물을 흘릴 수 없었다면 아마 나 자신이 통째로 쏟아졌을 것이다.

뛰다가 넘어져 우는 사람이 있었다. "울지 마"라는 외침에 울음을 삼키던 사람이 있었다. 그는 성장하며 울음을 참지 않기로 다짐했다. 한바탕 울고 다시 시작하기로 마음먹었다. 자신의 눈물과 타인의 눈물을 둘 다 존중하겠다고 결심했다. 눈물의 농도와 경중을 따지지 않겠다고 굳게 맹세했다. 이것은 나의 이야기다. 비단 나의 이야기만은 아닐 것이다. (9월 3일)

수경 누나에게

누나가 떠난 지 일 년이 되었네. 금세이기도 하고 어느덧이기도 한 일 년이었어. 금세 잊을 수 있을 것 같으면서 어느덧 눈앞에 나타나는 순간이 많았네. 그 순간마다 누나의 희미한 웃음이 있었어. 예전에는 그 웃음이 희미한 줄도 몰랐었네. 힘없는 웃음이, 그러나 새어나올 때마다 웃는다는 사실만큼은 분명했던 그 웃음이, 실은 희미한 웃음이었어. 희미해서 오히려 여운이 길었어. 사람들은 어렴풋해지는 것을 어떻게든 붙들려고 하잖아.

누나가 떠난 날은 개천절이었어. 하늘이 열린 날, 누나는 하늘에 올라가 무엇이 되었을까. 별처럼 빛나고 있을까, 달처럼 한 달에 한 번씩 모양을 바꿀까, 구름처럼 뭉게뭉게 피어올랐다가 새털처럼 한없이 가벼워지기도 했을까. 누나는 왠지 이런 말을 해줄 것 같다. '달의 모양이 변하는 것이 아니라 우리가 보고 싶은 것만 보려고 하는 거야. 한없이 깜깜해지고 싶은 날, 월식이 찾아오는 것처럼.' 그래서 우리는 매일 조금씩 다른 달을 마주할 수 있겠지. 어제 읽었던 누나의 시가 오늘 읽으면 다르게 다가오는 것처럼.

누나는 한국에 오고 싶어했고 나는 독일에 가고 싶어했지. 오는 것도, 가는 것도 말할 때, 쓸 때는 쉽더라. '싶다'라는 보조형용사에 마음을 내맡겼으니까. 정작 발길은 쉽게 떨어지지 않더라. 내일 있을 회의가, 다음주에 있을 행사가 줄지어 떠오르더라. 항공권을 예매하는 사이트에 접속할 때마다 한숨이 났어. 이렇게 많은 이가 떠나고 돌아오는데, 우리의 발을 묶어버린 것은 대체 무엇이었을까. 왜 기다리는 마음은 가닿는 발걸음이 되지 못했을까. 누나와 주고받은 이메일을 읽으며 나는 뒤늦게 발을 동동 구르고 있어.

지난 일 년 사이, 나는 세 번의 큰 이별을 겪었어. 이별을 할 때마다 멀어지는 건 떠난 사람이 아니라 나 같았어. 내가 점점 쪼그라지는 것 같았어. 소실점이 되어 세상 모르게 사라질 것 같았지. 땅을 보고 걷는 버릇이 있었는데, 요즘은 하늘을 올려다보는 일이 부쩍 늘어났어. 이별한 이들이 하늘 어딘가에 있다고 굳게 믿었던 것 같아. 나란히 걷던 날, 땅을 보며 걷는 내게 누나가 그랬잖아. "주눅들지 마. 시 앞에서만 겸손해지고." 잔뜩 웅크린 어깨를 서서히 펴기 시작해.

사람들이 물어. 이제 좀 괜찮으냐고. 덧붙이는 말들은 이런 것이야. 강해져야 한다고, 마음을 굳게 먹어야 한다고. 그때마다 나는 희미하게 웃어. 할 수 있는 게 그것밖에 없는 것처럼. 누나의 희미한 웃음이 보이기 시작해. 나도 모르게 손을 쥐게 돼. 놓치면 안 되는 것을 갖게 된 것처럼, 어떻게든 품고 있어야 하는 감정처럼. 남겨진 사람들은 그리워할 수밖에 없으니까. '남겨진'이라고 썼다가 '남은'이라고 고쳐 썼어. '그리워할 수밖에 없으니까'라고 썼다가 '그리워할 수 있으니까'로 고쳐 썼어. 고쳐 쓰는 일이 잦아졌어. 어떤 감정을 슬픔이나 안타까움 등 한 단어로 묶는 일이 불가능하다는 것을 절절히 깨닫는 시간이었어.

슬픔에 깊숙이 잠겨 있으면서도 우리는 웃을 수 있잖아. 어떻게 살아갈 수 있을까 도리질을 하면서도 때가 되면 밥을 먹고 창문을 열어 바깥공기에 몸을 내주잖아. 그리고 천천히 떠올리기 시작하지. 함께했던 시간을, 내가 몸담고 있는 여기의 시간과 상대가 묶고 있을 거기의 시간을. 기억할 수 있어서, 기억할 것이 남아 있어서 실로 다행이라는 생각을 하면서.

누나가 노트에 적은 문구가 누나의 유고집 제목이 되었다고 들었어. '가기 전에 쓰는 시들'이었다가 누나는 글자 '시' 위에 빗금을 그었지. 그리고 그 아래 '글'이라고 고쳐 적었어. 가기 전까지 고쳐 적는 마음, 정확함을 향해 한없이 뾰족해지는 마음에 대해 생각했어. 써야 할 시들을 가늠하고 단어를 고르고 그것들을 연결해 문장을 만드는 모습을 찬찬히 그려봤어. 독일의 시간, 뮌스터의 시간, 누나의 책상 위에서 흐르면서 고이던 시간을.

유고집인 『가기 전에 쓰는 글들』(난다, 2019)이 누나가 떠난 날인 개천절에 출간된다고 해. 2011년 5월 17일에 누나는 이렇게 썼지. "오늘도 아프지 않고 글을 쓰게 해주어서 감사합니다. 내일도 그렇게 되게 해주세요." 발병도 하기 전 죽음을 예감한 이 문장을 읽고 얼마나 가슴 아팠는지 몰라. 나는 저 문장을 바꿔 누나에게 답장을 해. "오늘도 기억할 수 있게 해주어서 감사합니다. 내일도 그렇게 되게 해주세요." (10월 1일)

네가 하면,
네가 하기만 하면

 지난 주말, 제주도에 있는 한 동네책방에서 강연을 하게 되었다. 제안이 왔을 때 적잖이 걱정이 되었다. '나는 운전도 못하잖아, 길눈도 어둡잖아, 주말이 날아가는 거잖아……'라는 불안은 '이번엔 무슨 이야기를 하지? 사람들이 아무도 안 오면 어떡하지? 서점에 폐가 되는 건 아닐까?'라는 걱정으로 바뀌었다. 그러나 오히려 그 불안과 걱정 때문에 나는 강연을 수락했다. 직접 부딪히지 않는 한, 불안과 걱정은 해소될 수 없다. 거절하더라도 내내 묵은 감정으로 남아 있을 것이다.

 비행기 예약을 하면서 결심했다. 큰맘 먹고 뚜벅이 여행을 해보자! 뚜벅이란 자기 자동차가 없어 대중교통을 이용하거나 걸어다니는 사람을 일컫는다. 지금껏 제주도에 갈 때는 늘 일행과 함께였다. 그들 중 하나가 렌터카를 운전했으니 나는 단 한 번도 제주도 내에서 대중교통을 이용해보지 않았던 셈이다. 제주도에서 한 달 살기, 일 년 살기를 하는 사람들이 나를 보면 아마 코웃음 칠 것이다. 하지만 호기심이 많고 겁은 더 많은 내게 이번 여행은 하나의 관문이었다. 관문을 거치면 조금 더 자유로워질 수 있을 것 같았다.

제주도에 도착하고 곧바로 숙소가 있는 종달리로 향했다. 시내버스를 타는 것부터 쉽지 않았다. 물어물어 정류장을 찾았더니 내가 타야 하는 버스는 삼십 분 뒤에나 온다고 한다. 얼른 가서 여장을 푼 뒤 쉬고 싶었지만, '뚜벅이 여행의 묘미는 바로 이런 게 아니겠어?'라고 스스로를 위로했다. 정류장에 설치된 디스플레이에는 텍스트 형태로 실시간 뉴스가 흘러나오고 있었다. 품질 관리를 통해 부패 감귤을 줄여야 한다는 뉴스, 2019 제주 청년의 날 축제가 개최된다는 뉴스를 보았다. 뭍에서는 결코 접할 수 없던 뉴스다. 제주도와 가까워진 것 같아 벌써 기분이 좋다.

버스에 올라 내가 내려야 할 정류장이 어딘지, 얼마나 남았는지 가늠해본다. 앞으로 일흔일곱 개 정거장을 가야 한다니 입이 떡 벌어진다. 대화를 나눌 이가 없으니 자연히 주변을 살피게 된다. 버스에 오르는 사람을 보며 나와는 무연한 그 사람의 사연을 상상해본다. 상상하는 것만으로도 그에게 말을 거는 것 같다. 저 사람은 제주에서 태어나 제주에서 죽 자랐을까. 앞 좌석엔 나처럼 여행을 온 사람도 보인다. 나와는 달리 여유가 넘쳐흐른다. '저 커다란 배낭에는 뭐가 들었을까?'로 시작한 상상은 '여행에 익숙한 삶은 어떤 것일까? 여행을 이끄는 것은 여기에 있기 싫은 마음일까, 거기로 가고 싶은 마음일까?'라는 질문으로 이어진다.

옆 좌석에는 엄마와 아이가 나란히 앉아 있다. 아이가 예쁘게 깐 귤껍질을 내밀며 엄마에게 묻는다. "엄마, 이걸 글로 써도 돼요? 이런 것도 글이 될까요? 아무것도 아닌 것 같아서요." 그럼, 무엇이든 네가 쓰면 글이 된단다. 네가 쓰면, 쓰기만 하면. 나는 속으로 힘차게 대답한다. 귤나무에서 떨어진 귤이 오렌지가 되고 망고가 되고 지구가, 우주가 되는 상상을 한다. 뉴턴이 사과나무에서 사과가 떨어지는 광경을 보고 만유인력을 발견했듯, 우리가 일상에서 발견할 수 있는 것은 무궁무진하다. 발견하려는 마음이 있으면, 있기만 하면. 어떤 것을 찬찬히 들여다볼 때, 그리고 그것을 마침내 기록하기 시작할 때 아무것은 비로소 빛을 발한다. 이는 역설적으로 아무것도 아닌 것이 아무것이 되는 마법 같은 순간이기도 하다.

정류장에 내리니 날이 어둑해져 있었다. 숙소로 가는 길에 미리 점찍어둔 식당에서 저녁을 먹었다. '내가 여기를 찾아내다니!'라고 자찬하는 것도 잊지 않았다. 걱정했던 동네책방에서의 강연도 무사히 잘 마쳤다. 와주신 분들의 눈빛에서는 시종 온기가 넘쳐흘렀다. 나는 말을 하면서 속으로 외치고 있었다. '오길 정말 잘했잖아. 혼자 여행하는 것, 정말 아무것도 아니잖아!' 아무것도 아님을 발견하기 위해 무수한 아무것을 거쳐왔다는 생각이 들었다. 한국병원에서 종달초등학교까지 이어지던 일흔일곱 개의 정류장처럼.

오늘도 아무것을 향해 뚜벅뚜벅 걸어간다. 보잘것없을지도 모르지만 무엇이든 될 수 있는 아무것 말이다. '이런 것도 글이 될까요?'라는 질문이 '이걸 한번 써봐야겠어요!'라는 결심이 되는 과정이 그 속에 있다. 물론 그 결심이 실제로 쓰는 행위로 연결될 때, 아무것도 아닌 것은 아무것이, 마침내 아무것 이상이 될 수 있을 것이다. (10월 29일)

마음에도
운동이 필요하다

 차를 마시다 친구에게 불쑥 "아무래도 마음 운동을 해야겠어"라고 말했다. "마음잡고 운동을 하겠다는 말이지?"라는 질문이 되돌아왔다. 말이 잘못 나간 것이다. 그걸 제대로 알아들은 친구가 신통해서 자꾸 웃음이 나왔다.

 요즘 들어 체력이 떨어졌다는 사실을 글 쓸 때 절감했다. 오랫동안 한자리에 앉아 있기가 쉽지 않았다. 덩달아 집중력도 떨어졌다. 문장을 제대로 구사하지 못하는 순간이 늘었다. 동사가 실종되고 조사가 자리를 잘못 잡았다. 며칠 좀 쉬면 나아질까 싶었지만, 휴식만으로는 체력이 회복되지 않았다. 마음을 잡아야 한다. 운동을 해야 한다.

 돌아오는 길에는 버스로 다섯 정거장 정도 되는 거리를 걸었다. 내친김에 걸어보자는 심산이었다. 횡단보도를 건널 때, 징검돌에 발을 디딜 때, 계단을 하나하나 밟고 오를 때 아까 잘못 나간 말이 떠올랐다. 집 앞에 다다랐을 때 소리 내어 말해보았다. 마음 운동. 마음 운동이야말로 지금의 나에게 가장 필요한 것이 아닐까. 몸의 체력 못지않게 마음의 체력도 중요하니 말이다. 마음 운동을 해야겠다는 말은 어쩌면 실언이 아니었을지도 모른다.

마음의 체력이 약해지면 사소한 말 한마디에도 쉽게 상처받는다. 웃어넘길 수도 있는 일에 불같이 화를 내기도 한다. 평소에 알던 내가 아닌 것 같아 화들짝 놀라기도 한다. 이럴 때 마음의 근력은 유연한 태도를 갖게 해준다. 평정심을 유지함으로써 어떤 상황에서도 나를 잃지 않게 도와준다. 마음의 지구력은 힘든 일이 있을 때 특히 빛을 발한다. 어떻게든 나를 일상에 붙들어 매주기 때문이다. 앞이 보이지 않는 상황에서 한 발 또 한 발 내딛게 해주는 것도 마음의 지구력이다. 하루를 살아내는 힘이 모이고 쌓이면 삶은 더이상 살아지는 것이, 사라지는 것이 아니게 된다.

올해 내가 가장 길게 품었던 마음은 상실감이었다. 상실감의 끝에는 늘 무기력이 기다리고 있었다. 무기력해질 때마다 이

불을 뒤집어쓰고 책을 읽었다. 내가 모르는 곳으로, 나를 모르는 곳으로 가고 싶었다. 슬픈 이야기는 나를 더 슬픈 상태로 몰아넣는 대신, 슬픔이라는 감정으로 연대하게 해주었다. 이야기 속에서 묘사되는 다양한 슬픔의 양상은 공감을 불러일으켰다. 독서가 끝나면 이 세계 어딘가에 분명히 있는 사람을 찬찬히 그려보았다. 상실감이 나를 압도하고 잠식하지 않도록 나는 마음 운동을 하고 있었던 셈이다.

상실감은 커다란 감정이어서 어떻게든 다스리기 위해 애쓰는 반면, 일상에서 불쑥불쑥 비집고 올라오는 감정에 제대로 대응하기는 쉽지 않다. 내게는 섭섭함이 그랬다. 섭섭함은 으레 관계에서 비롯하는데, 이는 우리가 서로 주고받는 마음의 크기와 무게를 재기 때문이다. 섭섭하다는 것은 모자라다는 것이다. 여기서 모자람을 판단하는 건 전적으로 마음의 소관이다. 따뜻한 말 한마디가 얼어붙은 마음에 금이 가게 할 수도 있지만, 결정結晶을 더욱 견고하게 만들 수도 있다. 모자람이 채워지지 않으면 섭섭함은 분함이나 노여움에 가닿기도 한다. 얼어붙은 마음이 끓어오르는 것이다.

섭섭한 마음을 보살피는 일이 중요하다. 제어하지 않으면 부정적인 마음은 뭉게뭉게 치밀어 나를 억누르기 때문이다. 보이지도 않고 무게도 없는 어떤 것이 나를 뭉갤 수도 있다. 마음은 재화가 아니다. 매번 내가 유리한 방향으로 교환하는 게 불가능하다. 그때 내가 건넸던 마음을 그대로 남겨두는 자세가 필요하다. 손상되지 않은 의도는 그 자체로 충분하다. 상대에게 섭섭함을 토로하는 것도, 섭섭함을 메우기 위해 무엇을 해야 할지 골몰하는 것도 중요하지만 더 중요한 것은 섭섭함을 받아들이는 순순함이다. 언제 어디서든 섭섭함이 발생할 수 있다는 사실 말이다. 마음 운동의 마지막 단계에는 단단한 자아가 있을 것이다.

한 해가 저물고 있다. 저문다는 것은 해가 져서 어두워짐을 뜻한다. 어두워졌을 때 비로소 우리는 불과 빛, 그리고 불빛의 귀함을 깨닫는다. 상실감에 휩싸였을 때, 있었던 것이 얼마나 커다란 의미였는지 알아차리는 것처럼 말이다. 마음이 아플 때, 마음이 소중하다는 것을 안다. 마음이 경직되었을 때, 마음에 운동이 필요하다는 것을 깨닫는다. 다가오는 새해에는 아무래도 마음 운동을 해야겠다. (12월 24일)

2020

어른이 되려고 그러니?

"꽃을 잡아당기면 못써." 근린공원에서 산책중에 엄마가 아이에게 말하는 것을 들었다. 아이의 눈에 눈물이 그렁그렁했다. "옷소매만 잡아당겨도 아프잖아. 꽃은 얼마나 아프겠어." 아이의 눈이 금세 휘둥그레졌다. "미안해, 꽃아." 엉엉 울며 사과하는 아이 옆을 지나치는데 가슴이 뭉근하게 끓기 시작했다. 아이는 집에 가서 꽃을 잡아당기지 말아야겠다고 다짐할 것이다. 사는 동안, 무심코 꽃을 잡아당기거나 꺾지 않을 것이다. 살아 있는 것들을 괴롭히려고 할 때마다 옷소매를 떠올리며 도리질을 할 것이다.

저녁 약속이 있어 버스를 탔다. 퇴근 시간 전인데도 버스 안은 북적였다. 버스 뒤편으로 이동하다 한 중년 남성이 버스 안

쪽을 향해 다리를 꼬고 앉아 있는 것을 보았다. 주위를 전혀 의식하지 않는 듯했다. 구두 밑바닥에는 진흙이 덕지덕지 달라붙어 있었다. 그 바람에 버스 안에서 병목현상 비슷한 것이 일어났다. 다리를 피해 뒤로 이동하다가 맞은편에 서 있는 사람과 부딪치는 일이 벌어졌다. 서 있는 사람들은 일제히 얼굴을 찌푸렸고 앉아 있는 사람들은 난감한 표정을 지었다. 만원 버스 안에서 겨우 자리를 잡아 봉을 붙잡고 서 있었다. 버스가 정차하고 출발할 때마다 봉을 쥔 손에 힘이 들어갔다. 누군가가 균형을 잃기라도 하면 버스 안은 순식간에 아수라장이 될 것이다. 명절이 코앞이라 사람들의 손에는 사과 상자, 김 선물 세트, 과일 주스가 든 유리병, 고기가 든 비닐봉지 등이 들려 있었다. 그것들이 한꺼번에 쏟아지는 상상을 하니 아찔했다. 사방에서 울려퍼지는 경적 소리를 들으며 다짐했다. 버스에서 다리를 꼬고 앉지 말아야겠다. 설사 만원 버스가 아닐지라도 누군가의 잠재적인 여유를 앗아가는 일은 하지 말아야겠다.

다음날 아침이었다. 잠이 덜 깬 상태로 멍하니 앉아 있는데 모르는 번호로 전화가 왔다. 회사에서 일사분기에 특정 주제를 가지고 워크숍을 하는데, 그때 강연을 부탁한다고 했다. 상대방의 공손하면서도 분명한 태도에 마음이 기울어 제안을 흔쾌히 수락했다. 그때의 호탕함과는 달리, 시간이 갈수록 불안이 엄습하기 시작했다. 내가 말을 잘할 수 있는 주제가 아닌 것 같았다. 하지만 이미 수락한 이상, 최선을 다해 준비하는 게 나의 도리일 것이다. 뽀드득뽀드득 그릇을 소리 나게 닦으며 다짐했다. 어떤 제안이든 곧바로 수락하지는 말아야겠다. 생각해본 후 연락을 드린다고 정중하게 말해야겠다.

그날 퇴근 시간에 지하철을 탔다. 약 스무 개의 정거장 동안 서서 갈 생각을 하니 타기 전부터 피로했다. 종일 돌아다니며 에너지를 소진한 상태였고, 내게는 엉겁결에 생긴 한라봉 상자까지 있었다. 엎친 데 덮친 격으로 탑승한 열차에는 선반이 없었다. 작년 여름에 미관상으로 좋고 유실물도 줄일 수 있어 지하철 선반이 사라진다는 뉴스를 접했었는데, 무거운 짐을 들고 타게 되니 야속하기 그지없었다. 별수 없이 한라봉 상자를 좌석 옆에 세로로 세워두었다. 최대한 부피를 줄여야 한 사람이라도 더 탈 수 있을 것이다.

내가 서 있는 곳 바로 옆은 임산부 배려석이었다. 어찌된 일인지 그 자리가 비어 있었다. 지금껏 거기에 비非임산부가 앉아 있는 것만 봐온 터라 기분이 좋았다. 주위를 둘러보니 사람들은 하나같이 지쳐 보였다. 그들은 속으로 이렇게 말하고 있는 듯했다. 아무리 힘들어도 임산부 배려석에는 앉지 말아야겠다, 객실 어딘가 있을지도 모를 임산부가 앉을 수 있도록 상징적으로 비워둬야겠다. 금방이라도 힘이 풀릴 것 같던 두 다리가 곧게 펴졌다.

하지 말아야 할 것을 정리하다보니 역설적으로 할 것이 명확해졌다. 그것은 상식 밖 행동을 보고 상식적인 사람이 돼야겠다고 다짐하는 과정이었다. 친구에게 말했더니 대뜸 이런 질문이 튀어나왔다. "어른이 되려고 그러니?" "아니. 해로운 어른은 되지 않으려고." (1월 23일)

한번은,
이런 일이 있었다

 한번은 이런 일이 있었다. 고향에 내려갔다가 은행에서 우연히 동창을 만났다. 동창은 은행원으로 일하고 있었다. 중학교 동창이니 마지막으로 본 지 이십 년도 더 된 셈이다. 한눈에 동창을 알아본 건 아니었다. 그것은 동창도 마찬가지였다. "이름이 특이해서 어, 했는데 얼굴을 보니 너더라." 동창은 내 얼굴을, 나는 동창 얼굴을 보고 그때를 적극적으로 떠올렸다. "한번은 이런 일이 있었잖아." 동창의 입에서 이야기가 흘러나오기 시작했다. 책상을 사이에 두고 그때가 소환되고 있었다. 당시의 나는 어떤 모습이었을까. 아마 어떤 부분은 동창이 더욱 생생하게 기억할 것이다. "어릴 때 먹던 소시지가 더 맛있지 않아?" 저녁을 먹다가 형이 불쑥 물었다. 소시지를 문 채로 가만히 고개를 끄덕였다. "지금 출시되는 소시지가 더 맛있어야 할 텐데 이상해." 우리 둘 다 길쭉한 분홍색 소시지를 떠올리고 있었을 것이다. "한번은 이런 일이 있었어. 슈퍼에 갔는데 분홍색 소시지가 없는 거야. 당황했지." 삼십 년 전 이야기에 귀를 쫑긋 세웠다. 마치 어제 일어났던 일처럼 생생했다. "그때여서 더 맛있었던 것 같아. 맛을 가늠하는 데 상황도 영향을 끼치니까." 점심시간에 도시락 뚜껑을 열던 내 모습이 그려졌다. 웃고 있었다.

요새 '라떼는 말이야'라는 이름으로 무수한 콘텐츠가 만들어지고 있다. 여기서 라떼는 다름 아닌 '나 때'를 가리키는 말이다. 우리에게는 모두 한때가 있다. 나이를 많이 먹은 사람만이 한때를 이야기할 수 있는 것은 아니다. 어른의 권위에 고개를 휙 돌려버리는 것이 아니라, 자신이 할 수 있는 이야기로 훈수에 응대하는 것이다. 어른이 시시로 불러내는 '왕년'이 지금의 '라떼'가 되었을 것이다. 무엇보다 젊은이들이 어릴 때의 이야기를 적극적으로 불러내는 것이 참 좋았다. 자꾸 이야기하지 않으면 그때는 잊히게 마련이다. 끄집어내기를 그만두면 기억은 희미해진다.

독일의 영화감독 빔 벤더스가 찍고 쓴 사진 에세이 『한번은,』

(이봄, 2015)에는 무수한 '한 번'이 등장한다. 빔 벤더스는 길 위에서 무수한 흔적을 카메라에 담는다. "사진에 있어서 한 번이란, 정말로 오직 단 한 번을 의미한다"라는 문장에 오랫동안 눈길이 머물렀다. '한번'이라고 붙여 쓰면 "지난 어느 때나 기회"를 의미하지만 '한 번'이라고 띄어 쓰면 횟수가 중요해진다. 그때가 아니면 안 되는 것이다. 우리가 그때를 지금으로 불러낼 때마다 한번은 비로소 '한 번'이 된다. 희미해질 수도 있는 순간을 붙들었기 때문이다. 삶은 이렇듯 한번 살아보는 것이 아니다. 딱 한 번 살아가는 것이다.

오늘은 이런 일이 있었다. 누군가가 내게 "글을 어떻게 시작하면 좋을까요?"라고 물었다. 우물쭈물하다 대답할 타이밍을 놓쳤다. 그분을 비롯해 글쓰기로 고민하는 분들에게 '한번은 이런 일이 있었다'라는 문장으로 글을 시작해보자고 제안하고 싶다. 저 '한번'에는 내가 여태 잊지 않은 공간, 심신에 새겨진 시간, 그 안에서 몸소 겪은 일이 다 들어 있다. 글을 써보면 알게 된다. 무수히 많은 일 중 하나였던 '이런 일'이 지금의 나를 만든 특별한 일이었다는 사실을.

내가 보고 듣고 겪고 느낀 일이 나의 일상을, 나아가 나의 인생을 구성한다. 개중에 어떤 것은 추억으로 살아남을 것이다.

그러나 '한때'를 호명하지 않는 한, 그런 일이 있었다는 사실은 점점 희미해진다. 무수한 '한번'을 소환할 때 나는 좀더 나다워진다. 이때 글쓰기는 나를 지키려는 안간힘이자 마침내 나를 지켜내는 작은 기적이다. 그러므로 어떤 것을 잊지 않으려고 애쓰는 사람은 이미 쓰고 있는 것이다.

  한번은 이런 일이 있었다. 재수할 때 독서실에서 백지를 꺼내 글을 쓰기 시작한 것이다. 그리고 이십여 년이 흐른 지금, 그 일은 나의 삶에서 가장 중요한 부분이 되었다. (2월 19일)

다독이는
안녕

 코로나19의 여파로 거리에 사람이 없다. 산책할 때 종종 만나던 강아지도 언젠가부터 볼 수 없게 되었다. 지난여름, 분수대에서 물이 나오면 찰방찰방 뛰어놀던 아이들의 모습이 스쳐 지나간다. 그들도 잘 있겠지? 비를 흠뻑 맞은 나무에서 물방울이 후두두 떨어진다. 부디 어디에 있든 안녕하기를. 곳곳에 있는 물웅덩이가 오늘따라 유독 깊고 어두워 보인다. 말할 수 없는 처지와 해소되지 않은 감정이 바닥에 고여 있을 것만 같다.

 재택근무를 독려해서인지 출퇴근 시간대에 특히 붐비던 카페와 식당도 한산하다. 단골 카페에 들어서는데 나도 모르게 조심스러워졌다. "안녕하세요." 계산대에 맥없이 앉아 계시던 사장님이 벌떡 일어선다. "오전에 사람을 못 볼 줄 알았어요.

요새는 파리도 안 날려요. 파리마저." 희미하게 웃었지만 사장님의 안색이 좋지 않다. 영세 자영업자에게 지금 시기는 그야말로 고역일 것이다. 곤란한 일은 으레 예기치 않게 발생하고, 마음을 졸이는 것 외에는 딱히 할 수 있는 일이 없을 때가 많다.

자리에 앉아 음료를 기다리는데 문득 이런 생각이 들었다. 내가 건넨 인사가 잘못된 것은 아니었을까. 안녕하지 않은 이에게 건네는 '안녕'은 오히려 안녕하지 못한 작금의 상황을 상기시킬 수도 있으니 말이다. 혹시 "안녕하세요"라는 말 속에 과도한 경쾌함이 담겨 있지는 않았을까. 위급할수록 평소대로 행동하는 게 중요하다고 하는데, 평소처럼 지내기에 상황이 좋지 않은 것도 사실이니 말이다. 그저 사장님의 말에 "파리는 원래 여름에 많이 날리잖아요" 같은 몹쓸 농담을 던지지 않은 것이 천만다행이었다.

커피를 마시며 김신식의 『다소 곤란한 감정』(프시케의숲, 2020)을 읽었다. '어느 내향적인 사회학도의 섬세한 감정 읽기'라는 부제답게 책 속에는 매일 가라앉았다가 솟아오르고, 옅어지고 있는 줄 알았는데 농밀해지고 있는 감정들이 한가득 담겨 있다. 우리가 쓰는 말들이 실은 편견과 배제, 평가와 질타를 담고 있는 경우가 많았다. 가령 활동적인 노인들에게 쓰이곤 하는 '정정하다'라는 형용사에는 '내 눈에 보기 좋다'라는 평가와 함께 거기에서 발생하는 만족감이 깔려 있는 것이다. 그 안에 해당 노인의 고민이 담겨 있을 리 만무하다.

오랜만에 만난 친구에게 하는 '여전하다'라는 말 속에는 '여전해서 좋다'라는 흐뭇함이 담겨 있을 수도 있지만 '여전히 너는 거기에 머무르고 있구나'라는 못마땅함이 깔려 있을 수도 있다. "아프다더니 괜찮은가보네?"라는 말에는 괜찮아서 다행이라는 의미와 함께 '환자다움'을 요구하는 시선이 묻어 있다. 덕담인지 책망인지 모를 이런 말들 속에서 우리는 알게 모르게 상처를 받아왔을 것이다. 이럴 때마다 내면에는 벽돌이 한 장씩 쌓인다. 누군가에게 쉽게 간파당하지 않기 위해, 타인의 척도로 섣불리 평가받지 않기 위해.

책을 다 읽고 나니 헛헛해졌다. 책에 등장하는 뭇사람처럼 나 또한 살아왔기 때문이었다. 이 허전함을 달래기 위해서는 나의 감정을 알고 보호하는 일이 필요할 것이다. 나의 약한 점을 들추어내는 사람들 속에서 그것을 따뜻하게 어루만져주는 존재를 찾아야 할 것이다. 감싸고 달래는 일, 그것은 비단 손윗사람만이 행할 수 있는 것은 아니다. 얼마 전, 전주에 있는 동네책방 '잘 익은 언어들'에서 만난 일곱 살배기 친구가 내게 카

드를 건네주었다. 거기에는 삐뚤빼뚤하게 "작가 선생님 사랑해요"라고 적혀 있었다. "안녕"이라는 인사를 주고받으며 헤어지는데, 눈시울이 갑자기 뜨거워졌다. 그것은 다독이는 안녕이었기 때문이다.

"아까 인사가 힘이 됐어요. 안녕히 가요." 카페 밖으로 나오는데 등뒤에서 사장님의 목소리가 들린다. '다소 곤란한 감정'이 잔뜩 넉넉한 감정으로 바뀌는 순간이었다. 물웅덩이 바닥에서 가만가만, 하지만 분명히 올라오는 것이 있었다. 봄이었다.
(3월 19일)

작가의 말

다독이러 들어갔다가
나오면서 돌아보는 일

 지난 십여 년간, 나는 돌아보는 사람이었다. 막힘없이 앞으로 달려가고 있다고 생각했지만 자주 돌부리에 걸려 넘어졌다. 보이지 않는 벽이 앞을 가로막는 일이 많았다. 그때마다 반사적으로 돌아보았다. 나를 도와줄 사람을 찾을 때도, 제대로 가고 있는 것이 맞는지 확인할 때도, 혹여 놓친 것은 없는지 살필 때도 나는 늘 뒤를 향해 있었다.

 돌아보는 일은 크게 네 가지의 차원에서 이루어졌다. 첫번째로 고개를 돌려 무언가를 보는 일이다. 고개를 돌릴 때마다 빠뜨린 것들이 어김없이 있었다. 미처 챙기지 못한 것들이 있었다. 자세히 들여다보지 않으면 있는 줄도 몰랐을 것들이 있었다. 다름 아닌 거기에 있었다. 거기를 향해 심신이 기울어졌다.

두번째로 지난날을 다시 생각하는 일이다. 흔히 미래 지향적인 사람이 되어야 한다고 말하지만, 그것은 과거를 더듬지 않으면, 현재를 응시하지 않으면 불가능하다. 매일매일 고개를 돌려 예전을 헤아리는 시간을 가졌다. 나를 크게 웃게도, 많이 울게도 만들었던 것들이 기억 속에서 되살아났다. 그것들 때문에, 아니 덕분에 나는 이런 사람이 된 것이다.

세번째로 돌아다니면서 두루 살피는 일이다. 산책이 중요한 일과가 되면서, 나는 단순히 걷는 일을 넘어 걸으면서 할 수 있는 일에 대해 생각했다. 걸으면서 할 수 있는 일을 생각하는 것은 이미 딴생각이었다. 밥을 먹고, 밥을 먹게 해주고, 보이는 무언가를 그리고 만들어내는 일과는 전혀 동떨어진 무엇이었다. 딴생각을 하며 걷다가 우연히 바라본 곳에는 늘 무언가가 있었다. 익숙하면서도 낯설었다. 그 무언가가 딴생각의 꼬리를 또다시 잡아당겼다.

마지막으로 관심을 가지고 보살피는 일이다. 몸이 바빠지기 시작하면서 마음은 반대로 허기졌다. 하루하루가 빽빽했지만, 그 안에 내가 숨쉴 틈은 없었다. 일에 파묻혀 사는 내내, 나는 많은 존재를 떠나보내야만 했다. 사랑하는 사람도, 다육식물도, 사들이기 바빴던 책도 나를 견디지 못했다. 아주 오래는 기다려주지 못했다. 잘살기 위해 애쓰다가 어느새 잘 살지 못하는 사람이 되어 있었다. 나인데, 내가 아닌 것 같았다.

어느 순간, 돌아봄이 돌봄이 될 수도 있음을 깨달았다. 가족을 돌보고 가까운 이들을 챙기고 반려식물에 물을 주고 단어를 돌보며 책을 껴안는 일, 그것은 나의 숨통을 틔우는 일이기도 했다. 한밤의 다독임에는 늘 책이 있었다. 다독多讀하는 일은 많은 사람을 만나는 일이기도 했다. 나와는 어느 것 하나 겹치는 게 없는 사람에게조차 눈길이 갔다. 나도 모르게 다독다독 감싸고 달래는 일을 하고 있었다. 거듭하고 있었다.

그렇게 나는 지금 여기에 살지만, 늘 그때 거기를 그리워하는 사람이 되었다.

지난 이 년 사이, 사랑하는 사람들이 많이 아팠다. 황현산 선생님, 허수경 누나, 그리고 우리 아빠…… 울지 않기 위해 시를 쓰는 날이 이어졌다. 울고 남은 힘으로는 산문을 썼다. 안 써본 이야기를 끄집어내준 『대산문화』, 무엇보다 지속적으로 귀한 지면을 내어준 한국일보와 경향신문에 감사드린다. 마감이 있다는 사실은 허우적거리는 와중에도 어찌어찌 수면 위로 고개를 내밀어 거친 숨을 쉬게 만들어주었다. 사랑하는 사람들은 지금 여기에 없지만, 그때 거기가 있기에 나는 여전히 숨을 들이마시고 내쉰다.

보듬다, 감싸다, 쓰다듬다, 다독이다, 어루만지다 같은 동사에 마음을 내준 것도 그즈음이었다. 그리고 그것은 내가 직접 할 때 역설적으로 찾아오는 것이기도 했다. 다독이러 들어갔다가 나오면서 돌아보는 일이 잦았다. 그때마다 더 큰 위로를 받은 쪽은 나였다. 눈에 보이지 않는 무수한 온기에 큰 신세를 졌다.

만약 들어가지 않았다면 돌아볼 기회도 없었을 것이다. 용기 없는 내가 발 들인 그곳에는 힘없는 것들이 몸을 잔뜩 웅크린 채 있었다. 막힘없음이 힘없음이 되고 힘없음이 다시 힘입음이 되는 순간이 있었다. 그때를 잊지 않기 위해 메모한 단상이 이

책에 실린 글이 되었다. 돌아볼 기회가 있었기에 나는 길 위에서 넘어지지 않을 수 있었다. 지면 위에서 고꾸라지지 않을 수 있었다.

무엇보다 아빠가 한 말이 산문 쓰기의 지침이 되어주었다. "은아, 신문에 실린 글은 성별, 나이에 상관없이 누구나 읽을 수 있는 글이잖아. 이번 글은 좀 어렵더라." 한 달에 한 번 아들의 글이 신문에 실리던 날을 누구보다 기다리던 아빠였다. 그때부터 나는 내 안의 모든 부기를 빼려고 애썼다. 아빠가 말한 "누구나 읽을 수 있는 글"에는 '누구나 읽고 이해할 수 있는 글'이라는 의미가 담겨 있었던 것이다.

다독다독은 의태어지만 다독이거나 다독임을 당할 때, 우리는 남들이 듣지 못하는 어떤 소리를 듣는다. "괜찮아, 괜찮아"라는 뭉근하고 다정한 위로가 들릴 때도 있고 "괜찮아? 괜찮은 거지?"라는 다급한 물음이 들릴 때도 있다. 어느 것이든 괜찮은 사람이 괜찮지 않은 존재에게 건네는 말이다. 하는 사람도, 그것을 듣는 존재도 그 순간만큼은 괜찮아지게 만드는 말이다.

마침내 나를 살게 하는 다독임이다.

2020년 3월

오은

다독임

ⓒ 오은 2025

1판 1쇄 발행 2020년 3월 28일
1판 6쇄 발행 2024년 5월 1일
2판 1쇄 발행 2025년 5월 26일

지은이 오은
펴낸이 김민정

책임편집 유성원
편집 권현승 정가현
디자인 한혜진
저작권 박지영 형소진 오서영
마케팅 정민호 박치우 한민아 이민경 박진희 황승현 김경언
브랜딩 함유지 박민재 이송이 김희숙 박다솔 조다현 김하연 이준희
제작 강신은 김동욱 이순호
제작처 영신사

펴낸곳 (주)난다
출판등록 2016년 8월 25일 제406-2016-000108호
주소 10881 경기도 파주시 회동길 210
전자우편 nandatoogo@gmail.com **페이스북** @nandaisart **인스타그램** @nandaisart
문의전화 031-955-8865(편집) 031-955-2689(마케팅) 031-955-8855(팩스)

ISBN 979-11-94171-58-4 03810

○ 이 책의 판권은 지은이와 (주)난다에 있습니다.
○ 이 책 내용의 전부 또는 일부를 재사용하려면 반드시 양측의 서면 동의를 받아야 합니다.
○ 난다는 (주)문학동네의 계열사입니다.
○ 잘못된 책은 구입하신 서점에서 교환해드립니다.
  기타 교환 문의: 031-955-2661, 3580